LE

VIGNOLE DES OUVRIERS.

TROISIÈME PARTIE.

PARIS. IMPRIMERIE DE PILLET FILS AÎNÉ
5, RUE DES GRANDS-AUGUSTINS.

C.

LE

VIGNOLE DES OUVRIERS.

TROISIÈME PARTIE.

CETTE PARTIE CONTIENT

LES PLANS, LES ÉLÉVATIONS ET LES COUPES

DE VINGT-QUATRE PROJETS

DE MAISONS D'HABITATIONS PARTICULIÈRES ET DE MAISONS A LOYER,

dont plusieurs avec leurs différents étages;

LES DÉTAILS

SUR UNE PLUS GRANDE ÉCHELLE POUR LES ENTABLEMENTS ET SIMPLES CORNICHES,
ET QUELQUES MOTIFS DE DÉCORATIONS INTÉRIEURES PAR LES COUPES.

CES PROJETS SONT COMPOSÉS:

Les uns sur des terrains réguliers, isolés, ou entre murs mitoyens; d'autres sur des terrains irréguliers, parmi lesquels plusieurs
sont situés entre deux rues, et présentent des galeries ou passages de communication de l'une à l'autre,
et quelques-unes pour des maisons de commerce. On y a joint quelques intentions de façades, de casins et de villa de
Rome et de ses environs; l'ouvrage est terminé par une idée des passages principaux de Paris,
ainsi que de quelques décorations de boutiques.

Cinquante Planches, y compris le Frontispice.

PAR CHARLES NORMAND,

ARCHITECTE, ANCIEN PENSIONNAIRE A L'ACADÉMIE DE FRANCE A ROME.

TROISIÈME ÉDITION

COMPLÉTEMENT REFONDUE.

PARIS

LIBRAIRIE SCIENTIFIQUE, INDUSTRIELLE ET AGRICOLE

EUGÈNE LACROIX, ÉDITEUR

QUAI MALAQUAIS, 15.

—

1864

AVERTISSEMENT.

Ce ne sont pas toujours les chefs-d'œuvre qui nous instruisent; on les admire souvent sans les comprendre. Il en est autrement des ouvrages simples et mis à la portée de ceux pour qui ils ont été faits. Offrir aux commençants des principes faciles à saisir, y rapporter tout ce qui doit en découler, en écarter tout ce qui pourrait jeter dans leur esprit quelque doute, tels sont les moyens qui doivent aider et forcer, pour ainsi dire, l'intelligence des élèves.

Ce nouvel ouvrage avait été conçu d'abord pour faire suite aux maisons déjà publiées dans le *Vignole des Ouvriers*. Mais, incertain du succès de ce dernier, j'ai cru devoir donner auparavant une seconde partie qui fût relative à la construction des maisons d'habitation que j'avais offertes dans le *Vignole*. Le succès de ces deux ouvrages ayant surpassé mon attente, je me suis décidé, après un laps de temps considérable, mais rempli par de nouveaux ouvrages (1), à reprendre et à continuer enfin cette dernière partie, qui en forme la troisième, et à la mettre en rapport avec les principes émis dans la première, en y adaptant les améliorations introduites depuis dans la décoration des bâtiments; je me suis attaché à un choix tel, qu'on ne pût me reprocher de m'être écarté du premier but de mon travail, qui était de suivre en tout la simplicité et la conception primitive, en telle sorte que le résultat se rapportât toujours aux besoins de ceux dont les études, commencées d'après mes préceptes, auraient encore besoin d'un guide pour vaincre les difficultés que leur présentent des projets trop grandement conçus. Si je m'abuse, puissé-je au moins les conduire par degrés jusqu'au point où, de la simple habitation, ils puissent arriver à prendre un essor plus élevé (2).

(1) *Le guide de l'Ornemaniste, le Vignole des Architectes.* 1re et 2e parties.

(2) C'est dans cette intention que, à la suite des vingt-quatre projets de maisons dont se compose cet ouvrage, nous avons ajouté vingt façades, dont plusieurs peuvent se rapporter, à quelques modifications

Je suis loin de me flatter que cet ouvrage présente aux élèves tout l'intérêt que je me suis proposé ; mais comme le désir d'être utile m'a fait entreprendre ce nouveau travail, et que l'accueil fait aux deux premières parties est l'unique cause de ce complément, je m'abandonne avec confiance au jugement de mes lecteurs, bien convaincu que, s'ils n'approuvent pas mon ouvrage, ils rendront au moins justice à mes intentions.

près, aux plans qui les précèdent, et d'autres sur lesquelles on pourrait s'exercer en cherchant à en ajouter de sa composition.

INTRODUCTION.

AUTREFOIS l'on bâtissait pour des siècles, aujourd'hui l'on ne bâtit que suivant son siècle, c'est-à-dire qu'on ne bâtit même que pour soi, ou par spéculation ; de là vient cette variété, cette légèreté dans la construction des maisons, ce goût frivole et passager pour la décoration intérieure et extérieure, et que l'on peut renouveler sans beaucoup de frais. Mais quand la distribution d'une maison a été bien conçue, lorsqu'on y trouve une circulation libre, des percés, des dégagements faciles et commodes, et les pièces principales régulières, on ne doit pas craindre qu'elle subisse des changements. Chaque successeur peut en varier la décoration suivant son goût, sans en altérer le principe. Il peut se permettre quelques additions, ou des déplacements de cloisons, sans nuire à la solidité, ces cloisons légères, et toutes de distribution, ne présentant aucun point d'appui : c'est sur ce principe que tout constructeur doit se baser et concevoir le plan de son bâtiment.

Nous avons beaucoup de recueils pour nous aider dans les grandes conceptions (1), mais nous n'en avons que de très-anciens qui traitent des bâtiments particuliers, et la plupart des plans qu'ils nous offrent ne sont plus disposés pour les besoins ou les habitudes de notre siècle. On aime aujourd'hui les petites pièces : hors la salle à manger et le salon, qui n'ont rien perdu de leur grandeur, on aime à réunir dans les autres toutes les commodités possibles, suivant l'importance de la localité ; et sur la superficie de deux pièces, prise dans d'anciennes maisons, on voit souvent un appartement complet et distribué fort agréablement.

Dans le *Vignole des Ouvriers* j'ai donné quelques essais de plans maintenant en usage (2) ; l'ouvrage que je publie aujourd'hui n'est que le complément de ce *Vignole*. Les façades sont imitées en partie des plus remarquables que l'on voit dans Paris, car on peut observer que leur combinaison et leur disposition est à peu près la même. Je n'offre donc ici que les plans les plus en rapport avec les principes émis dans le premier ouvrage ; je n'ai reproduit ni la distribution, ni la décoration des maisons antiques, mon but n'étant point de séduire par de grandes idées que l'on trouve rarement l'occasion d'exécuter. J'ai cherché seulement à présenter les plans et l'ensemble employés pour les bâtiments construits depuis quelques années ; j'ai voulu surtout être utile à ceux dont les études n'ont pu être assez avancées pour qu'ils pussent se livrer sans guide à la composition, et leur indiquer, s'il était possible, les moyens de suppléer au défaut d'instruction. Ils trouveront ici des plans composés pour des terrains irréguliers,

(1) Voyez, page 41 et les suivantes du *Vignole des Architectes*, pour leur nomenclature.

(2) Cet ouvrage, peu important par lui-même, a eu cependant quelque succès. Il a été le seul nouveau guide que, depuis longtemps, on eût offert aux constructeurs peu familiers avec les diverses proportions requises en architecture. Les combinaisons faciles qu'il présentait leur sont devenues bientôt familières, ce que l'observateur a pu juger depuis le moment où il a paru.

dont la distribution présente toujours le plus de difficultés. Enfin, ces plans sont destinés, non-seulement à l'ouvrier, mais encore au propriétaire, pour qui la disposition, la distribution et la construction plus ou moins avantageuse de chaque bâtiment sont la principale branche de revenu. Ces plans sont assez simplement conçus, je crois, et assez clairement expliqués, pour être compris par ceux auxquels je les destine.

Plusieurs de ces projets de maisons présentent la distribution de leurs différents étages, d'autres seulement le premier au-dessus de l'entresol, le premier et le second dans d'autres, les étages supérieurs pouvant en dériver.

J'aurais voulu pouvoir les donner tous sur une même échelle ; mais, dans le format adopté, les terrains plus spacieux auraient exigé un plus grand nombre de planches, et le volume, devenu plus fort sans être plus instructif, aurait augmenté de prix, ce qui eût été contraire au but que je me suis proposé, qui est de le mettre à la portée principalement des ouvriers.

VIGNOLE DES OUVRIERS.

TROISIÈME PARTIE.

DE LA DISTRIBUTION ET DE LA DÉCORATION

DES MAISONS D'HABITATION.

La plupart des maisons, à Paris, je veux parler des habitations de propriétaires aisés, ont une physionomie autre que celles qui sont destinées à être louées. La distribution des premières et leur façade sont en rapport, soit par leur aspect, soit par la recherche de leur ensemble, avec le but qu'on s'est proposé. Les secondes, ayant une autre destination, se composent de boutiques au rez-de-chaussée et d'un entresol au-dessus. Ce dernier est pris quelquefois dans la hauteur des boutiques même, mais le plus ordinairement dans la hauteur du soubassement. C'est ainsi que toutes les nouvelles façades, quelque variées qu'elles soient, ont pour base un soubassement dont la décoration consiste souvent dans une ou plusieurs arcades: la hauteur du cintre donne jour à l'entresol, qui, lorsqu'il n'est point dépendant du rez-de-chaussée, est disposé pour un appartement. Au-dessus du soubassement s'élèvent quelquefois jusqu'à quatre étages réguliers, et un cinquième formant attique, c'est-à-dire que le dernier étage est séparé des autres par la corniche de couronnement. Cette disposition a pour but de rompre la monotonie dans la hauteur des étages, et de donner à la façade un style particulier, puisque la décoration de cette partie peut être indépendante du reste, se composer de colonnes, d'arcades, ou de tous autres détails qu'on imaginerait pouvoir y adapter. Ce cinquième étage prend quelquefois chez nous le nom de belvéder, et en Italie de loge. Je vais donner maintenant un aperçu des décorations de bâtiments à quelques différences près, soit dans les proportions, soit dans les détails.

Au-devant d'une ou plusieurs croisées du premier étage, et souvent dans toute sa longueur, règne un balcon sur la saillie de la corniche du soubassement. Dans les parties les plus élevées les balcons doivent toujours se lier, soit avec un bandeau, soit avec une corniche. On voit encore dans quelques maisons, quand la vue peut être agréable, régner un autre balcon sur toute la longueur de la corniche de couronnement au-devant de l'attique, et souvent même au-devant de l'étage pris dans les combles. On trouvera, dans le cours de cet ouvrage, l'indication de ces divers moyens de décoration.

Pour la distribution intérieure, chaque étage, suivant l'importance du bâtiment, présente un ou deux appartements, dans lesquels on trouve souvent réunies toutes les commodités. L'appartement le plus complet doit renfermer, autant que possible, sous la même clé, une cuisine, une antichambre, une salle à manger, un salon, une chambre à coucher, des cabinets, des garde-robes, et quelquefois un escalier conduisant à de plus petites pièces, quand il est possible d'y pratiquer un petit étage ou entresol. Les chambres des domestiques se prennent dans les hauts étages. Dans d'autres appartements moins considérables, le salon sert quelquefois de chambre à coucher, et alors le lit est placé dans une alcôve fermée; l'antichambre sert de salle à manger, et les autres pièces doivent être dans les mêmes rapports. Il est, suivant les étages, des logements moins complets composés de deux ou trois pièces et de cabinets, que les propriétaires ne désignent pas moins sous le nom pompeux d'appartements, parce qu'ils font les frais de leur décoration, ce qui, pour ainsi dire, aujourd'hui est passé en usage à Paris pour louer plus avantageusement les grands et les petits logements.

NOTA. Chacune des pièces d'un même appartement porte avec elle le même numéro, pour l'intelligence de leur disposition.

OBSERVATION.

Cette nouvelle partie étant une suite de la première, et toutes les maisons qu'elle renferme étant composées et présentées d'après les principes qui y sont exposés, c'est à cette première partie qu'il faudra recourir pour tout ce qui se rattache aux proportions que l'on doit donner aux ordres d'architecture, à celles des arcades, des portes et des croisées; pour ce qui concerne la construction, on trouvera dans la seconde partie tout ce qui est relatif à ce que nous traitons dans celle-ci. Enfin, pour les détails qui ont rapport à certaines parties, comme le passage des tuyaux de cheminées, la régularité qu'en général on doit observer dans la disposition des pièces qui composent un logement, la position des escaliers, etc., voyez la planche 19, ainsi que la page 36 et les suiv. du *Vignole des Ouvriers*, 1re partie, où tout ce qui se rapporte à ces détails est suffisamment expliqué.

Planche 1ʳᵉ.

Maison particulière, ou à location.

Première maison. Cette maison a 7 m. de largeur dans œuvre, sur 11 m. de profondeur, de même dans œuvre. Elle se compose, au rez-de-chaussée, d'une salle ou d'une boutique, d'une arrière-boutique ou cuisine, et d'un cabinet. On communique d'une pièce à l'autre par un passage de dégagement. Du sol de la rue, qui est plus bas de 50 c. que celui du bâtiment, on entre dans une allée, où se trouve l'escalier, et qui conduit dans une cour, et de la cour dans le jardin. Dans cette cour, plus basse de 16 c. que le sol de la maison, pour faciliter l'écoulement des eaux par la rue, sont un puits mitoyen avec le jardin, un bûcher, une serre et des privés. La cave a son entrée sous l'escalier du côté de la cour.

Premier étage. La distribution de cet étage offre une pièce avec une alcôve et deux cabinets, et une autre pièce indépendante de la première.

Second étage. Le second pourrait être distribué comme le premier.

La hauteur de chaque étage est cotée sur la coupe du bâtiment. Voyez la gravure (1).

La façade, au rez-de-chaussée, présente trois ouvertures régulières par leurs formes, dont deux servent de portes; celle du milieu étant murée à hauteur d'appui, ne présenterait plus qu'une croisée à l'intérieur. Ce rez-de-chaussée forme soubassement; il est terminé par une corniche à consoles que soutient un balcon (2) sur toute la façade au-devant du premier étage.

Pour les proportions et l'ajustement des croisées, ainsi que pour la corniche du couronnement, voyez *le Vignole des Ouvriers*, 1ʳᵉ partie, pl. 17 et 18, ou pl. 45 et 46 de cette partie.

Planche 2.

Maison particulière et en location.

Deuxième maison. Le terrain sur lequel est projetée cette maison a 17 m. 66 c. de profondeur sur 10 m. de largeur dans œuvre. Sur cette même largeur, et 9 m. 66 c. pris sur la profondeur, nous avons disposé, au rez-de-chaussée, deux boutiques et leurs arrière-boutiques, ou petites salles; ces boutiques sont séparées par une allée qui conduit à un escalier dont

---

(1) Sur les coupes ou élévations qui vont suivre, nous avons aussi indiqué la hauteur de chaque étage, ce qui est plus commode que la description, qui deviendrait fatigante.

(2) Pour cette maison, comme pour toutes celles que contient ce volume, nous n'avons fait que figurer les balcons sans indiquer de détails; cette partie du bâtiment se trouve aujourd'hui toute préparée, et de toutes mesures. Ces balcons sont en fer de fonte, ou en tôle estampée, et les dessins en sont variés du plus simple au plus composé. Quoique ce soit revenir, sous une autre forme de dessins, à l'emploi des anciennes grilles, dont les ornements, qui étaient autant de nids à poussière, avaient été abandonnés, force est aujourd'hui de se conformer à la mode.

l'extrémité de la cage est en saillie sur la cour. Cette cour est divisée en deux parties, pour la commodité des locataires de chacune des boutiques. Il y a un puits mitoyen, un hangar dans chacune, et une sorte de jardin. L'entresol serait dépendant des boutiques, ou formerait un petit logement qui pourrait être loué séparément.

Premier étage. Cet étage se composerait d'une cuisine, d'une salle à manger, d'un salon, d'une chambre à coucher, d'un cabinet et d'une garde-robe. Le second étage pourrait offrir deux petits logements, ou la même disposition que celui du premier. Les privés seraient pratiqués sur le dernier palier à la hauteur du plancher des combles. Pour la hauteur de chaque étage, voyez la coupe.

Élévation ou *Façade.* Le soubassement serait construit en pierre et surmonté d'un pan de bois ravalé en plâtre, ainsi que du côté de la cour; ce dernier même prendrait à partir du rez-de-chaussée, comme l'indique le plan. Le soubassement serait orné de pilastres réunis par des arcs, dans lesquels seraient pris les jours pour l'entresol; entre les deux arcs serait un œil de bœuf pour éclairer la petite pièce servant de cabinet. La décoration des boutiques, la porte de l'allée, ainsi qu'un jour ménagé au-dessus, y sont aussi figurés. Quant au ravalement du pan de bois, voyez, pour son exécution, la seconde partie du *Vignole des Ouvriers*, planche 8, et page 22.

Planche 3.

Maison d'habitation pour un ou deux locataires, située entre cour et jardin.

Troisième maison. Cette maison, sur un terrain en longueur, a 12 m. 76 c., et 8 m. de largeur, l'une et l'autre mesures prises dans œuvre. Le rez-de-chaussée présente, à son entrée sur la rue, un vestibule au milieu duquel sont deux portes ; l'une est celle du salon donnant sur le jardin, et l'autre celle de la salle à manger, ayant vue sur la cour. Au fond du vestibule est une cloison vitrée, ensuite un second vestibule, d'où l'on communique d'un côté à la cuisine, et de l'autre à l'escalier, sous lequel est placée la descente des caves; en face est une porte donnant sur le jardin.

Premier étage. Ce premier se compose de deux chambres à coucher, d'un petit salon, d'un cabinet particulier et de garde-robes. Les glaces sur les cheminées seraient sans tain, et formeraient des croisées ayant vue sur la rue. Par celle du petit salon, qui s'ouvrirait de toute la hauteur, on communiquerait au balcon pratiqué au-dessus de la porte d'entrée. Deux autres portes-croisées du même genre, dans chacune des chambres, ouvriraient, l'une sur le jardin et l'autre sur la cour; au-devant de ces croisées, régnerait de même un balcon. Le second et le troisième pourraient être distribués comme le premier, mais les dessus des cheminées seraient pleins, pour le passage de leurs tuyaux et de ceux des cheminées du bas.

Façade. Cette maison a trois façades; celle sur la rue serait sans ornements; les croisées qui ne peuvent être ouvertes, comme l'indique le plan, seraient feintes. Les deux autres façades offriraient, ainsi que celle sur la rue, un soubassement orné d'un portique, et un entablement complet sur l'ordre d'achitecture, qui serait terminé par une balustrade formant balcon. Les croisées du premier étage seraient ornées d'un chambranle et d'une corniche; celles au dessus, en forme de mézanines, seraient sans encadrements; et les croisées du troisième, au devant desquelles est un balcon appuyé sur un bandeau, seraient avec chambrale simple. La corniche du couronnement porte des consoles sous un larmier terminé par une doucine.

Coupe. Cette coupe, prise entre la cour et le jardin, présente, au rez-de-chaussée, la salle à manger, le vestibule et le salon; au premier, les deux chambres à coucher et le petit salon. Toutes ces pièces ont un motif de décoration, indiqué autant que leur proportion a pu le permettre. Les deux autres étages au dessus peuvent être ornés plus simplement. La hauteur des planchers est indiquée, pour chaque étage, sur cette même coupe.

Planche 4.

Maison de Ville ou de Campagne.

Quatrième maison. Cette maison, si connue des artistes, est située dans le faubourg du Peuple, à Rome. Le rez-de-chaussée se compose d'un portique et de deux petites pièces qui s'y joignent, dans l'une desquelles est placé un escalier; de deux autres plus grandes pièces et d'un passage qui les sépare. Nous en avons pris le motif, et nous avons ajouté la distribution du fond. La cage de cette maison, prise intérieurement à son sol, a 15 m. 66 c. environ sur 18 m. Pour l'accommoder à nos usages, nous y avons joint des cheminées, une cuisine, un salon et des petites chambres. La descente des caves serait prise sous l'escalier.

Premier étage. Le premier étage est distribué en plusieurs pièces, et pourrait convenir à un artiste. Le second offre l'espace convenable pour deux appartements, et la galerie leur servirait de communication. Les privés seraient établis au sol du dernier palier, sous le comble.

Façade. Cette façade présente, dans son soubassement, quatre colonnes sur lesquelles portent trois arcs qui donnent entrée sous un vestibule. On y arrive par un perron formé de plusieurs degrés; les angles du soubassement sont ornés de bossages, et il est couronné par une plinthe sur laquelle des ornemens, qu'on nomme postes, sont sculptés dans toute sa longueur. Les croisées du premier sont sans chambranles, de même que les mezanines au dessus. La corniche du couronnement est ornée de modillons.

Coupe. Cette coupe indique la hauteur des planchers, avec une intention de la décoration des deux pièces principales.

Planche 5.

Maison disposée pour être mise en location.

Cinquième maison. Cette maison a 21 m. 16 c. dans sa largeur, prise intérieurement, sur 10 m. 33 c. de profondeur, et la profondeur de chaque allée, prise de même dans œuvre, est de 13 m. Le reste du terrain, formant cour et jardin, n'a qu'une mesure arbitraire. Le rez-de-chaussée de cette maison présente trois boutiques. La principale, celle du milieu, est disposée pour un café, son laboratoire, un cabinet, un escalier conduisant à l'entresol; sous le même escalier est la descente de cave. Dans les deux autres boutiques on a indiqué un escalier qui conduirait à une sorte d'entresol ou de soupente, au dessus de la loge du portier, pour le service du marchand. Au deux extrémités sont deux allées; au fond de chacune d'elles est placé un escalier et une porte de communication dans la cour. La descente des caves est placée sous chaque escalier. A partir de l'entresol, cette maison forme deux habitations séparées à chaque étage, de sorte qu'elle pourrait appartenir à deux propriétaires.

Entresol. La partie de l'entresol qui occupe le même emplacement que le café, en dépendrait. Les deux autres, de chaque côté, offriraient des logemens particuliers.

Premier étage. Cet étage présente deux sortes d'appartemens, l'un complet sous quelques rapports, et l'autre composé de trois pièces et d'un cabinet.

Deuxième étage. A l'inspection de cet étage, il sera facile de reconnaître sa disposition pour deux appartemens séparés.

Troisième étage. Ce troisième étage est divisé en petites pièces pour les domestiques ou pour des locataires.

Quatrième étage. Cet étage, qui domine la maison, est disposé pour un belvéder d'un côté, et une terrasse de l'autre. Le passage des tuyaux de cheminées est observé à tous les étages, de même que l'on trouve des privés pour chaque logement à l'extrémité de chaque escalier.

Planche 6.

Façade de la cinquième Maison.

Cinquième maison. Au dessus d'un soubassement qui a quelques rapports avec celui de la deuxième maison, mais dont les détails sont plus riches, et construit de même en pierres de taille, s'élève un pan de bois de la hauteur de trois étages, et d'une sur-élévation sur la partie du milieu, formant un belvéder. Nous avons joint sur la même planche les différens détails qui concourent à la décoration de son ravalement, détails dont on pourra se rendre compte, pour leurs proportions relatives, au moyen des échelles placées, l'une au dessous des profils, divisée par mètre, et les autres sur chaque profil, divisées en partie suivant la méthode pratiquée pour les ordres d'architecture du *Vignole des Ouvriers*.

Observation. Pour la corniche de couronnement, et pour gagner de la saillie, nous avons, à l'exemple des anciens (voyez le *Nouveau Parallèle des Ordres d'architecture*, planche 57, et page 33), incliné en avant la face du larmier et celle des modillons.

Planche 7.

Coupe de la cinquième Maison.

Cinquième maison. Par cette coupe, la hauteur de chaque étage est exprimée; on y présente quelques détails pour l'ornement des principales pièces, de la décoration desquelles on a tracé une ideé. L'autre coupe est celle prise sur la longueur de l'escalier A, pour son intelligence et pour y montrer la place qu'occupent les privés. Comme cette coupe est prise en regard du mur mitoyen, les lignes que l'on y voit ponctuées indiquent les portes et les croisées opposées prises sur la cour pour éclairer cet escalier. Toute la façade sur la cour, à partir du sol, est élevée en pan de bois, dans la même forme et par les mêmes moyens que la face principale. Pour les détails relatifs à leur construction, voyez le *Vignole des Ouvriers*, seconde partie, planche 8 et page 22.

Planche 8.

Maison disposée pour deux locataires au premier et au second étage, et pour trois marchands au rez-de-chaussée.

Sixième maison. Cette maison a 18 m. pris dans œuvre sur la rue; le principal corps de logis en retour d'équerre a 10 m. 33 c., et les deux ailes sur la cour, 8 m., également pris dans œuvre. Les autres mesures peuvent se reconnaître par l'échelle tracée au bas de la planche. Cette maison formant l'encoignure de deux rues, est disposée, au rez-de-chaussée, pour des boutiques. Dans chacune d'elles on a placé un escalier pour conduire à l'entresol, ainsi que des issues pour les caves. La principale entrée s'annonce par un vestibule formant portique sur la cour; d'un côté est l'escalier principal, et de l'autre le logement du concierge. Le fond de la cour offre une demi-partie circulaire, pour masquer l'irrégularité du terrain. Au milieu de la courbe est placée une fontaine, et sur l'un des côtés sont une écurie, une remise, une petite cour, un escalier et des privés; l'escalier conduit à l'entresol de cette partie, ainsi qu'à celui sur la principale cour du même côté. Voyez le plan de l'entresol tracé en parallèle sur la partie de l'écurie, etc. On observera qu'à l'opposé de la remise, les portes et les croisées doivent être feintes pour la régularité.

Premier étage. Cet étage est disposé pour un seul appartement.

Second étage. Le second étage est également disposé pour un seul locataire. Nous avons indiqué la destination de chaque pièce sur l'un et l'autre plans.

Le troisième étage pourrait, sur la rue, offrir encore un petit appartement, et des logements de domestiques seraient pris des deux côtés sur la cour.

Planche 9.

Façade, Coupe et Détails.

Sixième maison. La façade présente un soubassement formant un avant-corps ouvert par une arcade, et les arrières-corps par deux autres ouvertures pour des boutiques, au dessus desquelles deux petites croisées donneraient jour à l'entresol. Sur l'avant-corps du soubassement sont élevés deux ordres d'architecture (1), l'un sur l'autre, le premier ionique et le second corinthien. L'étage au dessus et percé de mézanines. Le corps du bâtiment porte des refends à ses angles, et il est terminé par une corniche ornée de modillons et de denticules. Voyez le détail en grand sur la même planche, lettre A. L'entablement de l'ordre ionique ne différait de celui qui doit couronner l'ordre corinthien, qu'en ce que, dans le premier, on ne taillerait pas le larmier denticulaire, et qu'au lieu d'un talon au dessous du même larmier, on placerait un quart de rond. Voyez sur la même planche, lettre B. La corniche portant la lettre C est celle du soubassement. Ces différents détails sont mis en rapport, pour leurs proportions respectives, par les mêmes moyens que ceux indiqués dans le *Vignole des Ouvriers.*

Coupe. La coupe s'explique d'elle-même par son ensemble avec les plans et la façade.

Nous avons profité d'un bout de terrain formant un angle sur celui du bâtiment principal, pour y disposer une petite maison qui se compose, au rez-de-chaussée, de deux boutiques, d'une allée, d'une cour, d'un escalier et des privés. Nous en avons exprimé la façade et la coupe pour la hauteur des planchers. Voyez la planche précédente.

Planche 10.

Maison disposée pour être mise en location.

Septième maison. Cette maison, comme la précédente, forme l'angle des deux rues. Sa profondeur est de 28 m. 33 c., et les deux retours d'équerre ont 21 m. de développe-

(1) Adaptés à une simple façade de maison, ces deux ordres, posés l'un sur l'autre, sont nécessairement de petite dimension (le premier a 4 m. de hauteur, et le second 3 m. 66 c.); mais s'ils sont profilés avec goût et bien pro-

ment. Le pan coupé, pris dans œuvre, perpendiculairement à l'intersection des deux lignes d'angle, est de 4 m.

Rez-de-chaussée. La principale entrée se trouve sur l'angle même, qui présente un pan coupé. Sous un portique décoré de deux colonnes, une porte s'ouvre sur une allée qui conduit à une pièce circulaire dans laquelle est placé l'escalier. De cette pièce on passe dans une cour, également circulaire, ornée de quatre portiques, sous l'un desquels, celui qui fait face à l'entrée principale, est une fontaine. Les deux retours d'équerre sur chaque rue sont disposés pour des boutiques et des arrière-boutiques. L'une de ces boutiques a un escalier intérieur pour son entresol ; l'autre escalier, à l'opposé, se prend dans la cour par un échappé ménagé dans la disposition du terrain. On a de même placé des privés en profitant d'une partie de cette disposition.

Entresol. On ne voit ici que la moitié de son plan ; l'autre partie comporte la même distribution, sauf l'escalier de la boutique, dont l'arrivée est facile à concevoir. Cet étage offre quatre logements qui n'ont aucune communication entre eux. Les pièces sur les deux boutiques déjà indiquées, ayant leur escalier particulier, les autres locataires parviendraient au leur par l'escalier principal.

Premier étage. Cet étage est disposé pour deux appartements. Une grille d'appui, posée sur la saillie de la corniche, dans la cour, au dessus de l'entresol, permettrait d'en faire le tour. Sous les portiques on a ménagé des jours pour éclairer les petites pièces, ainsi que des lieux à l'anglaise.

Second étage. Le second présente à peu près les mêmes dispositions que le premier. Nous n'avons tracé que la moitié du plan ; l'autre se concevra facilement.

Planche 11.

Façade, Coupe et Détails.

Septième maison. La façade du pan coupé, et celle de l'un des retours d'équerre, se trouvent ici développées sur une même ligne. Au rez-de-chaussée, l'entrée principale présente le portique à deux colonnes dont nous avons déjà parlé, sur le couronnement duquel est un balcon. Cette même partie de soubassement est percée de quatre petites croisées donnant jour aux pièces pratiquées dans les angles. Les deux façades offrent chacune trois arcades, et les croisées, pour l'entresol, sont prises dans la hauteur des cintres. Cette forme de soubassement, pour les maisons de ce genre, à Paris, est la plus ordinairement employée. Elle ne varie même que dans les proportions, et suivant que le terrain le permet, en donnant plus ou moins de largeur aux pieds-droits qui supportent les arcs. Au devant de la principale croisée du premier étage est un balcon soutenu par la corniche du soubassement, dont la saillie avancée est supportée par des consoles. Les croisées des autres

portionnés dans leurs rapports avec les autres détails, on peut encore les adopter. On en voit un exemple rue des Petits-Augustins, près de la rue des Beaux-Arts.

étages sont encadrées par un seul chambranle, et celles de l'attique sont sans ornements. Au devant de cet étage, sur la corniche du pan coupé, on a placé une grille d'appui, comme chose d'agrément, et qui se voit dans beaucoup de maisons à Paris.

Coupe. Cette coupe est prise sur le pan coupé et laisse voir l'allée, la pièce dans laquelle est placé l'escalier, et ensuite la cour. L'inspection des plans et de l'élévation, mis en rapport, fera aisément comprendre les autres parties. Les différentes corniches qui doivent concourir à l'ornement de cette maison sont exprimées en grand dans le même cadre. Une lettre de renvoi, placée au devant de chaque profil, et répétée sur la façade, indique l'emploi de chacun d'eux, et, qu'elle que soit la dimension que l'on puisse leur assigner, le moyen de les mettre en proportion s'y trouve tracé. Dans le cours de cet ouvrage on trouvera des figures de croisées ornées de leurs chambranles, de leurs corniches et de leurs consoles, qui pourraient être rapportées à cette façade, les proportions modulées étant les mêmes pour toutes.

Planche 12.

Maison disposée pour plusieurs locataires.

Huitième maison. Les maisons d'habitation, dans Paris, sont pour la plupart enclavées et serrées les unes contre les autres. Il faut prendre les jours sur la rue et sur une cour, quand le terrain permet d'en réserver une. De là vient que beaucoup de pièces, dans les bas étages, sont à peine éclairées. La difficulté consiste donc à les bien disposer. Le décor des façades est souvent l'objet d'un travail difficile, et quelques efforts que l'on fasse, elles ne présentent, pour la plupart, que des applications de moulures ou d'ornemens qu'aucun mouvement de saillie ne peut faire ressortir avec avantage. L'opposition seule des pleins avec les vides bien ménagés, les corniches, les bandeaux, et quelques ornements de détails placés à propos, méritent quelquefois l'assentiment des connaisseurs. Mais je reviens à mon sujet, cette digression m'en ayant écarté.

Le terrain de la huitième maison a 20 m. de face sur 11 m. de profondeur, pris dans œuvre. Nous supposons les deux ailes saillantes dans la cour, ainsi que la forme circulaire, prises à volonté.

Rez-de-chaussée. Le rez-de-chaussée présente trois ouvertures; deux boutiques et leurs dépendances occupent, l'une la droite et l'autre la gauche de celle du milieu, qui s'ouvre dans un vestibule, sous lequel on voit d'un côté l'escalier, et de l'autre le logement du concierge. Les deux ailes, dans la cour, sont destinées, l'une pour une écurie et l'autre pour une remise. Dans la même cour, en face du vestibule et de l'entrée, est placée une fontaine, derrière laquelle la partie circulaire qui se lie aux deux ailes pourrait être disposée pour un jardin.

Entresol. Les deux logemens au dessus des boutiques en sont une dépendance, les autres pièces forment un petit appartement, dont la cuisine est placée au dessus de la remise. Pour parvenir à cette cuisine, lorsqu'on est monté du rez-de-chaussé sur le premier palier A, on prend le petit escalier B, qui y conduit, le plancher de cette cuisine se trouvant de niveau avec celui de l'entresol, dont la moitié de la grande montée du point A reste à franchir pour arriver au palier C de l'entresol. La même disposition doit être observée pour le premier et le second étages.

Premier étage. Cet étage est distribué en deux appartemens; l'un est composé de six pièces, de cabinets et d'une cuisine; l'autre n'offre que deux pièces et un cabinet.

On conserverait au second étage la même disposition que celle du premier, ou bien on pourrait en distraire la pièce du milieu, ainsi que la cuisine du même côté, pour les réunir au petit logement; on prendrait alors, pour celle du premier logement, la pièce de l'aile qui en dépend.

Troisième étage. Cet étage est divisé de même en deux appartemens, l'un, le plus étendu, donnant sur la rue, et l'autre sur la cour. L'étage pris dans l'attique serait distribué en petites chambres séparées par un corridor dont on pourra prendre l'idée par le dégagement de l'étage au dessous.

Planche 13.

Façade et Détails de la huitième Maison.

Huitième maison. La façade de cette maison présente, dans son soubassement, trois arcades et deux croisées. Au dessus de l'imposte sont deux autres croisées pour éclairer l'entresol; le reste de cette partie de la maison tire ses jours par le cintre des arcades. La corniche qui le couronne porte un balcon dans toute sa longueur au devant du premier étage. La façade de cette maison paraît avoir, dans sa disposition, une sorte d'étrangeté. Nous la présentons ici à peu près telle que nous l'avons vue. Les détails des corniches et des différentes moulures qui concourent à son ornement sont tracés en grand, au dessous, sur la même planche, avec une échelle par mètre, pour en établir les proportions, et sur chaque profil, par des divisions en partie d'après notre méthode pour *le Vignole des Ouvriers.* Je rappelle seulement ici que les arcades ont deux fois leur largeur en hauteur, que les croisées du premier et du second sont dans des proportions relatives, que les chambranles, les frises et les corniches dont elles sont ornées ont chacune un sixième de la largeur de leur baie, et les consoles des deux tiers de celle du chambranle.

Planche 14.

Coupe et Détails de la huitième Maison.

Huitième maison. La coupe, prise sur la profondeur de la maison et du terrain, présente à chaque étage une idée de la décoration des pièces qu'elle laisse apercevoir. Au dessous sont gravés les motifs des corniches des mêmes pièces sous leur plafond, en rapport avec la richesse ou la simplicité de chacune d'elles. Nous y avons joint le détail du couronnement des croisées du second étage sur la façade; le même pourrait être employé au dessus des portes du vestibule.

Planche 15.

Maison de commerce donnant sur deux rues.

(La façade principale est celle qui lui est opposée.)

Neuvième maison. Sur un terrain irrégulier, situé entre deux rues, et mitoyen sur ses côtés, nous avons essayé de présenter ce projet. Il se compose de deux maisons indépendantes l'une de l'autre, quant à la localité, quoique leur entrée principale soit commune. La grande face du terrain a 27 m., celle opposée a 14 m. 82 c. et 33 m. de profondeur, prise sur une ligne d'équerre à la face principale. Ces mesures sont toujours prises dans œuvre. Pour se rendre compte des angles, on aura recours à l'échelle. Il serait trop long de les rapporter ici.

Rez-de-chaussée. Des cinq ouvertures que présente, au rez-de-chaussée, le grand côté du plan, quatre donnent entrée à autant de boutiques, et la cinquième est destinée pour la principale, celle de la maison. Elle communique à un vestibule au bout duquel est placé, dans une pièce circulaire, un escalier à l'anglaise qui conduit à chaque étage. De là on arrive dans une cour où sont des remises et des écuries; ensuite vient le vestibule, qui conduit dans la seconde rue, où le plan de la maison présente deux autres boutiques. Toutes ces boutiques ont leur escalier intérieur conduisant à leur entresol; deux d'entre elles ont une arrière-salle éclairée sur une petite cour. Sous le grand vestibule est la loge du portier; dans la cour principale, et dans un des pans coupés, est placée l'entrée de l'escalier; la loge du portier y est contiguë. Sur la face opposée est une fontaine, et dans une des écuries est un escalier pour le service d'un entresol et d'un grenier pratiqué au dessus. Les privées remplissent les angles, de sorte que tout le terrain se trouve utilisé. Le petit étage entre l'entresol des boutiques et le premier étage serait disposé, soit pour de petits appartemens, soit pour des pièces à la convenance du premier étage.

Façade principale. Cette maison, destinée en quelque sorte au commerce, doit en donner l'idée par l'aspect de sa façade. Les contreforts en forme de piédestaux, sur lesquels seraient des statues avec les attributs des arts, du commerce, de la navigation ou de l'industrie, se trouveraient en harmonie avec la disposition des boutiques qui en font la base. Au dessus du soubassement, sur une partie de la corniche, soutenue par des consoles, régnerait un balcon, au devant des croisées du premier étage. Ces croisées, en forme d'arcades, ont leurs jambages décorés de pilastres ioniques, surmontés d'une corniche architravée, en rapport avec les croisées des côtés. Le second et l'attique, qui surmonte l'édifice, pourraient rappeler, avec plus de richesse d'une part, et plus de simplicité de l'autre, l'aspect d'une maison très-fréquentée à Paris, qui est placée dans la plus belle situation. La façade A, sur l'autre rue, montre en partie la décoration de la plupart de celles nouvellement élevées à Paris : une porte-cochère, des boutiques, un entresol au-dessus, un balcon régnant au devant du premier étage, porté par la corniche du soubassement, varié au troisième étage par des croisées cintrées, et enfin couronné par un entablement au-dessus duquel est un attique.

Planche 16.

Coupe et Plan des premier et second étages de la neuvième Maison.

Neuvième maison. La distribution du premier étage est conçue, dans son ensemble, pour un grand établissement, comme un café ou un restaurant. Celle de la maison A, sur l'autre rue, serait disposée, à chaque étage, pour un petit appartement, à peu près comme nous le proposons, l'emplacement ne permettant guère d'en varier la distribution.

Second étage. Cet étage, du grand côté, présente un appartement assez vaste et dégagé pour faciliter la communication de ses différentes pièces les unes avec les autres. Il aurait, comme celui du premier, une espèce d'entresol au-dessus des pièces du côté de l'escalier donnant sur la petite cour et sur la chambre à coucher du même côté sur la rue. Le troisième, dont l'étendue serait renfermée dans l'espace du salon, de la chambre à coucher et des petites pièces de l'étage au-dessous, pourrait être disposé pour l'appartement d'un célibataire.

Coupe. La coupe est prise sur la ligne formée de points oblongs passant au milieu du grand vestibule, de la cage de l'escalier, de la cour et du vestibule de la seconde maison. Elle laisse voir la hauteur et la disposition des étages et demi-étages, et celle de la cour, pour la décoration de laquelle nous avons jugé les ornements superflus. Enfin, par la coupe du premier, du second et de l'attique sur le grand bâtiment, nous avons donné une idée de la décoration intérieure de chacune des trois pièces principales.

Planche 17.

Maison formant l'angle de deux rues.

Plan du rez-de-chaussée, de l'entresol, et façade de la Maison.

Dixième maison. Cette maison, formant l'angle de deux rues, a 12 m. 50 c., pris dans œuvre, sur sa face principale; sur celle en retour d'équerre, 16 m. 33 c., et sa profondeur totale est de 20 m. 10 c. La cour a 3 m. 66 c. carrés. Cette maison, que sa position et sa distribution rendent propice au commerce, peut être facilement occupée. Elle présente,

3

au rez-de-chaussée, deux boutiques avec leur dépendances; l'entrée principale de la maison offre un vestibule sous lequel est placé l'escalier, en regard de la loge du portier, et qui conduit dans une cour où sont une remise et une écurie. Dans la boutique qui forme l'angle des deux rues, on voit un escalier qui conduit à l'entresol; et dans la pièce opposée est sous ce dernier un autre escalier qui conduit aux caves, destinées pour le marchand. Dans l'autre boutique, cette descente se trouve placée sous la première montée du grand escalier, et celle qui est commune au reste de la maison a son entrée par le vestibule. Les privés, pour les locataires, sont séparés de ceux des employés de la maison.

Entresol. Par le petit escalier, dans la boutique qui fait l'angle des deux rues, on arrive à l'entresol au-dessus, dans une antichambre, qui de là communique d'un côté à une grande pièce, et de l'autre à deux petites. De l'autre côté, quand on est arrivé par le grand escalier du rez-de-chaussée au premier palier A, il faut prendre celui qui se présente à votre gauche pour arriver à la hauteur de l'étage B sur la cour, et du premier point A, le grand escalier mène à la pièce sur le devant. Au-dessus de la remise et de l'écurie sont deux chambres auxquelles on parvient par l'escalier indiqué sur le plan, et de cet étage au grenier.

Façade. Cette façade est imitée de celle d'une maison située à Paris, quai de la Cité, en face du pont qui conduit à la place de l'Hôtel-de-Ville. Nous disons imitée seulement, car les proportions ne sont pas les mêmes, aucune mesure n'ayant été relevée. Pour le plan, il n'a aucun rapport avec celui de la maison ci-dessus, si ce n'est par la disposition des différentes ouvertures qui en forment da décoration. La porte d'entrée et les croisées sont ici conformes aux proportions que nous avons enseignées dans notre *Vignole.* La hauteur des planchers, marquée sur la coupe, facilitera le compte que l'on voudra se rendre de l'ensemble général. Pour les détails des corniches et des autres moulures, nous renvoyons encore au *Vignole,* ou aux planches 45 et 46 de cet ouvrage, qui en renferment un nombre suffisant pour y faire un choix propre à cette façade.

Planche 18.

Plan du premier et du second étage, et la coupe sur la profondeur de la même Maison.

Dixième maison Il est sans doute fastidieux d'entendre toujours les mêmes termes, d'être toujours conduit de pièces en pièces dans celles qui les suivent, et de rencontrer sans cesse la même nomenclature. Cependant, tout bien considéré, il ne peut en être autrement. Mais on pourra toutefois éviter cette monotonie en ne consultant que ce qui aura rapport au bâtiment qui pourrait intéresser. Encouragé par cette réflexion, peut-être un peu tardive, puisque c'est à propos de la dixième maison qu'elle nous est suggérée, nous allons poursuivre sur le même ton: libre à vous, mon cher lecteur, de n'étudier que tel ou tel projet qui pourrait vous convenir. J'arrive donc au premier étage: une antichambre me conduit dans la salle à manger; de là je passe au salon; du salon à la chambre à coucher, par un dégagement ménagé pour ces deux pièces, entre lesquelles est une autre chambre où l'on peut arriver également des trois côtés. Sur la cour sont une chambre, un cabinet et des lieux à l'anglaise.

Second étage. Le second étage, à quelques variantes près dans la disposition de trois pièces, est aussi conçu pour servir d'appartement à un seul locataire.

Nota. On pourrait changer la disposition des deux ailes donnant sur la cour, en la reportant, du côté opposé, au rez-de-chaussée à chaque étage, si cela convenait mieux. L'étage au-dessus, ou le troisième, dont nous ne ferons que décrire la distribution, pourrait, en plus petites divisions, offrir au moins deux logements; il suffirait pour cela de resserrer un peu les girons des marches de l'escalier pour avoir une entrée de plus, semblable à celle du palier d'arrivée à l'entresol. Au moyen d'un couloir, on prendrait deux pièces sur le devant avec celles sur la cour. L'autre logement comprendrait le dessus du salon et de la salle à manger du second; dans la hauteur des combles, on prendrait facilement des chambres de domestiques et d'autres lieux pour le service de la maison.

Coupe. Cette coupe, prise sur la profondeur de la maison, fait voir le passage au vestibule; le premier est voûté en berceau et le second en pendentif, surmonté d'une calotte. Viennent ensuite la cour et le bâtiment du fond. Nous avons indiqué la décoration de deux pièces, l'une au premier et l'autre au second; le reste se conçoit et n'a pas besoin de description.

Nota. A Paris, un règlement ayant fixé la hauteur de la corniche d'une maison suivant son emplacement, on se retraite sur le bâtiment même, souvent aux dépens de la solidité, pour le surélever et trouver par là de nouveaux moyens d'augmenter son revenu. Voilà pourquoi quelques-unes de ces maisons sont couronnées de masses pesantes, qui, de loin, leur donnant l'aspect de châteaux forts, en détruisent toute l'harmonie. Mais dans quelques années, toutes ces constructions faites en bois, exposées aux ardeurs du soleil et à l'humidité des pluies, ayant subi de fréquentes avaries et exigeant plus de dépenses qu'elles ne donnent de produit, seront réduites en simples combles sur lesquels on prendra des jours suffisants pour éclairer des chambres qu'on nommera peut-être encore appartements.

Planche 19.

Passages ou Galeries destinés au commerce. Plan du rez-de-chaussée et Façade principale.

Onzième maison. L'emplacement sur lequel est projetée cette maison est traversé, dans toute sa longueur, par deux passages. Cet emplacement est le même que celui sur lequel est bâti le palais Massimi, à Rome. Il a ici, en passant par l'axe de la galerie marquée A, jusqu'au centre de la rotonde, 24 m., du même point jusqu'à l'autre extrémité, 34 m. 83 c.; et l'autre galerie, partant du même centre, a 58 m. 66 c. L'entrée principale de cette maison et des passages est un portique sous lequel on entre par un vestibule, dans une grande pièce décorée de colonnes. Cette pièce, à la hauteur du sol, présente huit pans coupés, et prend la forme circulaire au-dessus des colonnes par son entablement. Dans chaque entre-colonne, une baie est ouverte ; la baie du milieu répond à celle de l'entrée principale pour l'une des galeries, et celle d'à côté pour l'autre. Les autres baies sont pour des boutiques et pour deux escaliers qui conduisent aux logements pratiqués au-dessus de cet établissement. Sous le portique on voit quatre boutiques, dont les deux plus grandes sont ouvertes sur le vestibule. Toutes ces boutiques ont un escalier particulier pour l'entresol. Ce corps de bâtiment tire les jours sur deux cours pour les petites pièces ; dans l'une sont les privés, dont le dégagement est pris sous le grand escalier. Entre les deux rampes est placée la loge du portier. Les deux passages sont divisés en espaces égaux pour leurs façades, et les boutiques ont plus ou moins de profondeur, suivant que la disposition du terrain le permet. Quelques-unes ont des petites cours et des arrière-boutiques, et leur escalier particulier pour les entresols et les caves. Un plus grand escalier, placé dans chaque passage, dont l'un est de forme circulaire, conduit au premier étage et aux entresols au-dessus des boutiques, pour lesquels on n'en a pas indiqué. A l'extrémité de la face du plan marqué C, à laquelle aboutit le deuxième passage, est placé en dehors un dernier escalier pour le service des deux étages et pour celui de l'attique de ce côté.

Façade principale. Cette façade présente, au rez-de-chaussée, huit pieds-droits, dont quatre en avant-corps ; ils sont tous ornés à leur extrémité supérieure d'un chapiteau dorique, et surmontés d'un entablement au-dessus duquel règne une balustrade. Sur les quatre pieds-droits en avant-corps sont quatre statues assises, représentant le Commerce, l'Industrie, la Navigation et les Arts. Entre les pieds-droits, sous le portique, on voit les ouvertures pour les boutiques, ainsi que les croisées de l'entresol. Cette façade, au premier étage, est en retraite sur le rez-de-chaussée, de la profondeur du portique, ce qui forme une terrasse de plain-pied au-devant de cet étage. Des figures allégoriques occupent des niches pratiquées dans la largeur des trumeaux. Au-dessus du second étage, un entablement orné de consoles sert de couronnement, et un attique percé de croisées termine la façade de cette maison.

Nota. Pour le choix de l'entablement, voyez la planche 45.

Planche 20.

Plan du premier étage, et Coupe des passages sur la ligne A-B.

Onzième maison. Le premier étage est divisé en plusieurs appartements ; celui sur l'entrée principale, qui est le plus étendu, a deux entrées, l'une par le grand escalier et l'autre par celui qui lui fait face. Comme chaque pièce, sur le plan, porte sa destination, on peut s'y reporter. Par l'escalier de droite, placé dans un angle, on arrive dans un passage qui conduit à un autre escalier placé entre la rotonde montant de fond, et la pièce du premier étage. Cet escalier mène au deuxième étage et à celui dans l'attique. Les autres appartements, dont la subdivision est idéale, tirent les jours sur le vide de la largeur des passages, au-dessus du vitrage qui les éclaire (voyez la coupe en travers), et sur les différentes cours. Cet étage se prête d'autant plus facilement à toutes les subdivisions, qu'en partant de la pièce du milieu, sur le devant, et en faisant le tour intérieur du bâtiment et de sa distribution, on peut revenir au point d'où l'on est parti. Les deux lignes ponctuées et légèrement teintées *a-b*, qui prennent du mur sur le premier passage du côté de la façade postérieure, et qui, de l'autre, viennent s'appuyer sur le mur de séparation des deux appartements, indiquent un pan de bois passant par-dessus cet étage pour la continuité de l'attique d'un mur à l'autre.

Coupe. Cette coupe est prise sur la ligne A-B, passant par le portique, le vestibule, la rotonde et le premier passage. La décoration des deux passages n'exprime ici qu'une intention, qui peut être étudiée et variée suivant le goût. Des pilastres d'ordre corinthien pour les passages, et des colonnes du même ordre pour la rotonde, que couronne un entablement, sont réunis en forme de voûte, en berceau, et la rotonde par une coupole, avec un vitrage pour les éclairer. Dans les passages, ces vitrages sont séparés par un arc doubleau, aplomb des pilastres, entre lesquels règne une sorte d'acrotère, motivé à l'extérieur (voyez au-dessous la coupe en travers) par le chaîneau pratiqué entre cet acrotère et la face du premier étage. La rotonde serait vitrée sans interruption sur son acrotère. Contre les chambranles des croisées de l'entresol seraient appuyées des figures allégoriques dans le style de celles que l'on voit au Louvre. Le même motif se retrouverait au dehors comme au dedans, pour former cet ensemble que l'on doit observer dans tout établissement qui a un but positif.

Planche 21.

Façades postérieures des onzième et douzième Maisons.

Onzième maison. La façade du haut de la planche forme deux décorations développées sur une même ligne, et qui appartiennent, l'une à l'entrée du passage B, et l'autre à celui du second C. Celle du premier passage présente des pieds-droits surmontés de statues, et de chaque côté une ouverture pour une boutique; l'autre, ornée de colonnes doriques et de pieds-droits, à ses extrémités, rappelle, par l'ajustement des boutiques qui sont entre les colonnes et les pieds-droits, celle de l'intérieur. Des figures, assises sur les parties saillantes, ornent aussi cette façade, qui, ainsi que la première, n'a rien que de simple dans la décoration de ses étages.

La façade du bas de la planche, vue du même côté, est faite sur le plan des maisons de la planche suivante, composée à peu près sur le même terrain. Elle est, comme la première, développée sur une même ligne droite. Cette façade est partagée par un petit avant-corps dont la base est une fontaine, et qui forme deux décorations différentes. Le plan, l'élévation et la coupe de la fontaine sont gravés au-dessus sur une plus grande échelle, ainsi que la porte d'entrée de l'une des façades. L'autre entrée, décorée de colonnes doriques sans bases, et dont les proportions sont celles données par Vignole, n'a pas besoin ici d'autres détails (1). Le reste de la décoration des deux élévations ressemble beaucoup à celle des maisons que l'on a bâties depuis quelques années à Paris.

Planche 22.

Plan du rez-de-chaussée de trois Maisons réunies dans le même terrain. Façade principale et Coupes.

Douzième maison. Ce plan a été composé sur le tracé d'un terrain donné par le professeur de l'Ecole des Beaux-Arts à Paris. Le programme demandait sur son emplacement (voyez le plan pour la profondeur du terrain) trois maisons réunies en quelque sorte par la communication de l'une avec l'autre. Une d'elles devait être plus remarquable par sa disposition que les deux autres. A quelques modifications près sur le côté où la rue forme une courbe par sa rentrée sur le terrain même, dans la partie à droite, cet emplacement est semblable dans tout le reste à celui sur lequel nous avons projeté nos passages. L'ensemble de la principale cour, celle qui se trouve dans le même alignement sur l'autre rue, la place des escaliers, ainsi qu'une partie de la disposition des autres pièces, sont extraits d'un projet couronné sur ce concours d'esquisse. L'autre partie, sur la face gauche, a été substituée à celle du même plan. Celui que je présente ici, un peu plus étudié que le projet ci-dessus, dont l'auteur a été pressé par le temps prescrit pour le composer et le rendre, pourra peut-être satisfaire, en raison de quelques difficultés vaincues, et qui tenaient à la disposition du terrain. C'est dans cet espoir que nous l'offrons aux amateurs.

Façade. La façade principale est au-dessus du plan : on a vu celle de la face opposée dans la planche précédente, avec les détails que nous avons ajoutés. Cette façade présente, dans son soubassement, un avant-corps, au milieu duquel une arcade est ouverte sur un vestibule. Le même avant-corps, qui s'élève dans la hauteur du bâtiment, forme au premier étage une terrasse couverte, et au second une loge. Le reste de la décoration, pour les deux arrière-corps, est motivé par le plan. Nous n'avons donné, pour ce plan, que les coupes des parties sur les principales entrées, en indiquant la hauteur des étages intérieurs, qui ont moins d'élévation que sur les façades, en raison de la moyenne grandeur des cours. Nous remarquerons ensuite que les communications d'une maison à l'autre, observées pour les rez-de-chaussées, ne seraient pas de rigueur pour les autres étages, quoique la place qu'occupent les escaliers rendît cependant faciles des ouvertures de portes ménagées pour parvenir aux différentes hauteurs des planchers, dans le cas où ils ne pourraient pas être sur le même niveau.

---

(1) Voir *le Vignole des Architectes* et celui *des Ouvriers;* et pour la corniche de couronnement, planche 45 de cet ouvrage.

Planche 23.

Plan, Élévation et Coupe de la treizième Maison.

Treizième Maison. Autrefois on donnait le nom d'hôtel aux maisons d'une certaine apparence, et beaucoup justifiaient, par leurs dehors, ce titre, moins vulgaire que celui de simple maison. Aujourd'hui, la maison de la plus belle apparence n'est toujours qu'une maison : l'homme le plus riche en occupe le plus bel étage, qu'il rend aussi somptueux que la localité le lui permet; le rez-de-chaussée, sur la voie publique, est destiné à l'industrie, et si l'on peut y établir dix boutiques, on les voit bientôt toutes occupées : c'est un revenu à peu près certain que ne néglige aucun propriétaire. Le projet que nous présentons est loin de renfermer tout ce qui constitue une de ces maisons; mais, sous certains rapports, il pourra en donner une idée. Celle-ci est projetée sur une rue dont une partie est droite, tandis que l'autre rentre sur le terrain même par un angle de 45 degrés. Ces sortes de terrains présentent des difficultés qu'il n'est pas toujours facile de vaincre. Nous l'avons essayé; un autre fera mieux.

Rez-de-chaussée. Le terrain a dans œuvre, sur la profondeur de son entrée principale, 19 m. 16 c., sur 41 m. pris au long du mur mitoyen, jusqu'à sa jonction à 20 m. 65 c. d'équerre sur l'alignement de la façade d'entrée. La cour principale a 11 m. 65 c. carrés. L'entrée présente un vestibule sous lequel, d'un côté, on voit l'escalier, et de l'autre la loge du portier. En parallèle sur la rue sont quatre ouvertures de boutiques, dont l'une est simulée comme appartenant à la face formant l'angle. Cette façade présente six ouvertures de boutiques, dont l'une sert d'emplacement pour un escalier. Toutes ces boutiques ont leurs dépendances en raison de la place, et sont desservies et éclairées par une cour demi-circulaire. Elles ont toutes un escalier pour leur entresol. Dans la cour principale sont placées les remises et les écuries; une fontaine fait face à la principale entrée; on y trouve aussi un escalier de dégagement, et un autre plus simple, qui, par sa disposition, peut servir pour la communication de la grande à la petite cour de l'autre partie du bâtiment.

Premier étage. Cet étage est divisé en trois appartements, qui ont plus ou moins d'étendue, le petit étage au-dessus pouvant au besoin en être une dépendance. Ils sont desservis par quatre escaliers : un des appartements en a un particulier qui conduit au petit étage. Les plans des autres étages se trouvent en quelque sorte tracés par celui-ci. Le côté des remises, ainsi que celui qui est opposé, peut être disposé pour des petits logements. Cette maison contiendrait environ quinze locataires, en comptant les petits étages comme appartements. Les boutiques et les entresols ne sont pas compris dans ce nombre.

Façade. Cette façade est la même pour les deux côtés par son soubassement, qui est dans un genre adopté aujourd'hui. Les baies des boutiques, ouvertes carrément dans toute leur hauteur, en facilitent les devantures, dans lesquelles l'entresol se trouve compris, ce qui, par ce moyen, ne forme qu'un tout, comme on peut en juger par les deux que nous présentons, et mieux encore, en se reportant à la 49ᵉ planche, fig. 1ʳ, qui offre l'ensemble en plus grande proportion. Les deux autres baies sont disposées pour en recevoir de semblables. Des pilastres d'ordre dorique, et son entablement complet, décorent le premier étage, dont les espaces sont percés de croisées et de mézanines. Le scond étage, d'ordre ionique, formé de même par des pilastres que couronne son entablement, rentre en plus petites dimensions dans le style du premier étage. Ces mêmes ordres d'architecture pourraient, si on maintenait leurs proportions respectives, s'élever davantage, si l'on donnait plus de hauteur aux appartements. On trouvera dans *le Vignole des Ouvriers* le tracé facile pour l'application de ces deux ordres, et, dans les planches 45 et 46 de cette troisième partie, des détails de corniches, de consoles, etc., qui pourraient y être applicables.

Coupe. La coupe, prise sur l'entrée principale du bâtiment, indique le vestibule, un des côtés de la cour et la coupe de la fontaine. On trouve aussi l'ajustement des principales pièces qui, dans toute la hauteur du bâtiment, passent par cette ligne de coupe.

Planche 24.

Maison distribuée pour être mise en location.

Quatorzième maison. Cette maison, projetée sur un terrain de 43 m. 65 c. de face, forme un angle de 30 m. de profondeur, pris dans œuvre; les branches de l'angle s'étendent régulièrement jusqu'à la rencontre, sur les deux retours d'équerre de la face du terrain, à la profondeur de 7 m. 65 c. Ce terrain est mitoyen avec d'autres maisons et forme avec elles une sorte d'île, dont les rues sont dirigées vers une place publique. Le *rez-de-chaussée* présente huit ouvertures de boutiques, et une entrée principale pour la maison, par laquelle on est introduit dans un vestibule orné de colonnes; sous le même vestibule sont l'escalier et le logement du concierge. De là on passe dans une cour demi-circulaire, où l'on trouve des remises et des écuries. A l'extrémité de l'angle est placé un petit escalier pour monter aux étages pratiqués au-dessus de ces dernières. Il y a, outre la grande cour, quatre autres petites cours intermédiaires qui servent à éclairer et à desservir les pièces dépendantes des boutiques. Chacune de ces boutiques a un escalier particulier, soit pour arriver à des soupentes prises dans la hauteur des boutiques mêmes, soit pour l'entresol. Des privés sont disposés pour la commodité des locataires, ainsi que deux fontaines adossées au mur de face de la cour, de chaque côté de la porte d'entrée.

Entresol. On pourrait disposer une partie de l'entresol pour un petit appartement, celle particulièrement qui est au-dessus du vestibule, et à l'opposé de l'escalier, car les locataires des boutiques pourraient, dans une hauteur de quinze pieds, trouver un logement suffisant en y pratiquant les soupentes dont nous avons déjà parlé.

Façade. Cette façade est imitée de celle d'une des maisons de Paris qui se distinguent par leur disposition et par leur étendue. Celle dont nous parlons a deux portes cochères ; notre façade n'en a qu'une, mais du reste son ensemble offre à peu près le même caractère. La première a cela de remarquable, et que nous avons répété, c'est qu'un trumeau se trouve précisément occuper le milieu de chaque axe au-dessus des deux entrées principales, et quoique cette disposition ne soit pas toujours admissible, elle n'a ici rien de bien choquant. Les arcades de la nôtre, au premier étage, ont deux fois leur largeur en hauteur. Le balcon placé au devant tend à les raccourcir à l'œil. Nous faisons cette remarque, parce que ce balcon, quoique à jour, les rend cependant à leurs proportions naturelles ; mais nous ajouterons que, dans une rue dont l'espace donné n'est pas toujours favorable pour faire jouir de l'effet qu'on se propose, on pourrait leur donner un sixième de leur largeur de plus en hauteur. Le reste de la décoration est très-simple, et n'a pas besoin d'être décrit. Les détails des différentes corniches dont on peut orner cette façade sont tracés sur la même planche ; les impostes prendraient les moulures D, en supprimant l'astragale, et les architraves se composeraient plus simplement, c'est-à-dire du filet, du talon et du larmier de la même corniche. Comme dans certaines maisons on paraît vouloir revenir aux mansardes, nous en avons donné une indication sur cette façade même ; car, dans la coupe, le comble est présenté suivant l'usage ordinaire. Nous avons aussi figuré, sur la face du soubassement, deux boutiques avec leur soupente. Pour le comble, d'après Mansard, voyez la seconde partie du *Vignole des Ouvriers*, planche 10 et page 26.

Planche 25.

Plan du premier étage, et Coupe de la quatorzième Maison.

Quatorzième maison. Le premier étage présente deux appartements, l'un ayant, de plus que l'autre, l'emplacement de l'escalier de son côté. Dans ce même appartement on peut, de la salle à manger et sans passer par les principales pièces, arriver à la plus éloignée. Chacun de ces appartements a une terrasse donnant sur la cour. Les étages supérieurs peuvent se régler en quelque sorte sur celui-ci, et dans l'espace que contiennent les deux appartements du premier on peut en disposer trois, en prenant l'antichambre pour servir de vestibule commun. Le salon, une partie de la salle à manger, et les deux petites pièces qui séparent le salon, composeraient le troisième logement.

Coupe. La coupe, prise sur la profondeur du bâtiment, laisse voir au rez-de-chaussée le vestibule, la cour, une des remises et l'escalier placé par derrière, et montre en même temps les deux petits étages élevés au-dessus, ainsi que la terrasse, qui, à la hauteur du premier, vient se joindre au bâtiment principal. Le reste de la coupe se concevra facilement par le rapprochement que l'on peut faire des plans et de l'élévation. Dans la même planche, nous avons présenté, pour le vestibule, le profil de la colonne d'ordre dorique et de la corniche qui lui sert de couronnement, et trois autres corniches propres aux pièces

4

de l'intérieur. Ces corniches peuvent être mises en œuvre dans quelques autres bâtiments que nous avons offerts dans le cours de cet ouvrage; c'est pourquoi nous n'avons pas cru devoir les multiplier.

Planche 26.

Maison de commerce donnant sur deux rues.

Quinzième maison. On avait donné l'épithète de *curviligne* à un architecte, parce que, disait-on, on voyait peu de ses productions où la forme circulaire ne fût employée. Je n'ai point été l'élève de cet architecte, mais j'ai longtemps travaillé pour lui, et cependant je n'ai pas remarqué que cet adjectif lui fût justement applicable. A bien considérer cette forme, elle n'a rien que d'agréable et de coulant; elle se prête soit à masquer les irrégularités de terrains, soit à lier des parties qui, privées de son secours, seraient discordantes. Quand les terrains l'exigeaient, cet artiste employait cette forme, mais avec discernement, et surtout avec succès. Je ne prétends pas justifier l'emploi que moi-même j'en ai fait quelquefois, et j'espère qu'on ne m'en fera pas le reproche, puisque, dans cet ouvrage, je n'en ai usé que là où je l'ai cru nécessaire. Voici donc un nouveau projet de maison où la forme circulaire pouvait convenir, et je m'en suis servi.

Le terrain sur lequel est projetée cette maison donne sur deux rues dont les lignes d'axe, élevées perpendiculairement à chaque face, forment à leur rencontre un angle de 60 degrés environ. La face principale, prise entre les deux murs mitoyens, a 25 mètres, celle de l'autre rue, 16 mètres. En partant de la principale entrée, et en suivant la ligne d'axe jusqu'au centre de la cour, la distance est de 20 mètres, et de ce même axe jusqu'à la face postérieure, 27 mètres, mesure prise toujours dans œuvre. L'échelle donnera la mesure des autres parties du terrain, dont les formes sont irrégulières.

Rez-de-chaussée. Le rez-de-chaussée présente, de chaque côté de la porte d'entrée, deux ouvertures pour des boutiques; deux de ces boutiques ont une salle donnant sur la cour, et un escalier pour leur entresol. Dans les deux autres on pourrait en établir dans la forme de ceux qui sont adoptés pour de tels emplacements. Lorsqu'on arrive sous le vestibule par l'entrée principale, on trouve à gauche l'escalier, et à droite la loge du portier. La cour offre une galerie sous laquelle on circule à couvert pour arriver à l'autre corps de bâtiment, qui se trouve séparé du premier par une petite cour ornée de portiques, sous l'un desquels est placé l'escalier, et sous l'autre le portier. Le vestibule ensuite mène dans la rue, où de chaque côté de l'entrée deux boutiques sont ouvertes.

Façade A. La base du soubassement de cette façade présente des pieds-droits ou des pilastres dont l'espacement forme l'ouverture des boutiques. La porte d'entrée, en saillie sur ce corps, est surmontée d'un balcon placé au-dessus de la corniche. L'entresol, qui fait partie de ce même soubassement, est terminé par une corniche qui, au-dessus de la croisée du milieu du premier étage, forme une saillie soutenue par des consoles sur lesquelles pose une grille d'appui. Le reste de cette façade n'a rien que de simple; elle est terminée par une corniche qui supporte un garde-fou au-devant des croisées ouvertes sur une mansarde. Le profil de cette corniche, ainsi que celui du soubassement et des petites moulures intermédiaires, est tracé en grand sur la même planche.

Façade B. Cette façade, sur l'autre rue, est dans le même système que la première, quant aux pilastres; mais l'entrée principale présente une porte ornée d'un chambranle, d'une frise et d'une corniche soutenue par des consoles. Le premier étage ne diffère point de celui de l'autre face; seulement au second, entre les trumeaux, il y a des statues placées dans des niches, et les baies du troisième sont encadrées par des pilastres dont l'intervalle forme, au-dessus des niches du bas, des renfoncements dans lesquels sont aussi des statues.

Le couronnement est le même que celui de la façade principale, à l'exception des mansardes, que nous n'avons pas indiquées de ce côté. On trouvera, dans la planche suivante, les détails en grand de la porte d'entrée de ce côté de façade, ainsi que ceux des portes placées sous le vestibule. Ces détails pourraient même s'appliquer aux croisées du second, et ceux de la porte d'entrée, avec quelques modifications dans les moulures, aux croisées du premier étage.

Planche 27.

Plan du premier étage, Coupe et Détails de la quinzième maison.

Quinzième maison. Le premier étage, sur le grand côté, est disposé pour un appartement complet. Celui qui donne sur l'autre rue, plus divisé, présente, par la communication des pièces les unes aux autres sans qu'il soit besoin de passer par les mêmes, un appartement non moins complet. La galerie C, qui circule à cet étage, pourrait être interceptée à la limite de chacun des appartements, selon que cette circulation conviendrait ou non aux locataires. La division en plusieurs petits appartements dans les étages supérieurs serait facile à établir, leur disposition étant, pour ainsi dire, marquée par celle qui va suivre. L'antichambre du premier, devenue vestibule, diviserait cette partie en deux logements; de l'autre côté on trouverait facilement sur la rue une nouvelle disposition. Celle sur la cour est ici tracée par le plan même.

Coupe. La coupe, prise sur la ligne A-B, n'a rien qui soit susceptible d'être décrit. En suivant les plans, chaque pièce passant par la ligne de coupe s'y rapporte. La petite cour est variée dans sa décoration pour chaque étage. Les colonnes qui forment le portique de la cour sont réunies par des cintres au-dessus d'une corniche architravée. Les détails de cette corniche et des chapiteaux des colonnes sont indiqués et mis en mesure au bas de la même planche. Les chapiteaux des colonnes de la galerie du premier seraient d'ordre ionique ou dorique grec; la même corniche pourrait s'y adapter également. Nous n'avons fait qu'indiquer, par des points sur la coupe, le comble selon Mansard *a,* renvoyant pour sa construction à la seconde partie du *Vignole des Ouvriers*, planche 10 et page 26.

Planche 28.

Bazar et Maison garnie pour les étrangers.

Seizième maison. Le terrain sur lequel est projeté le bazar, ainsi que la maison à laquelle il se lie, a 32 mètres sur l'une de ses faces et 38 mètres sur l'autre. L'axe perpendiculaire élevé des deux côtés forme un angle de 41 degrés et demi environ ; à sa réunion au centre de la rotonde, 44^m,33, et du même point à l'autre extrémité, 41 mètres, forment toute l'étendue du terrain, en suivant la ligne de centre comme base.

Un bazar est un lieu disposé pour réunir les marchands de tous genres, pour offrir dans son intérieur tout ce qui peut flatter et engager le public à satisfaire ses goûts et ses plaisirs, et en même temps servir de promenoir à couvert. Le bazar en lui-même n'est pour ainsi dire que la montre des magasins, dont il n'offre qu'une sorte d'échantillon. Ce ne sont donc point des boutiques proprement dites qui doivent y être disposées, mais bien des emplacements suffisants pour exposer les résultats de l'industrie. Le bazar que nous présentons ici est précédé d'un portique qui conduit dans des galeries de 4 mètres de largeur, et qui, par leur réunion, forment un carré garni de chaque côté de montres ou de comptoirs. Ses quatre angles offrent de même un comptoir circulaire. Ces galeries servent d'enceinte à une grande salle, couverte par un vitrage, dans laquelle sont quatre groupes de boutiques divisées en compartiments, autour desquels le public pourrait circuler. De ces galeries on communique dans une sorte de rotonde formant de même une galerie circulaire, au centre de laquelle une voûte supportée par des colonnes lui donne l'aspect d'un temple. Au milieu s'élèverait un groupe représentant le Commerce et l'Industrie, ayant pour base quatre emplacements pour recevoir de brillants étalages. Leur ligne de séparation serait marquée par des candélabres à l'extrémité desquels, le soir, un faisceau de lumière éclairerait toute cette partie. Autour de la galerie sont disposées des boutiques pour recevoir des objets qui exigent un plus grand emplacement que ceux des galeries du bazar. Le fond offre une pièce demi-circulaire pour un café. Cette même galerie est ouverte sur la cour de l'hôtel destiné à recevoir des étrangers. Des boutiques ou des magasins occupent le rez-de-chaussée. De la principale entrée on arrive sous un portique donnant sur la cour, aux deux extrémités duquel sont deux escaliers. Tout le reste est à l'usage de l'hôtel. Par l'angle de l'un des côtés, au fond de la cour, un passage conduit à une petite cour dans laquelle sont des remises et des écuries, et au-dessus seraient pratiquées des pièces nécessaires au service de sa destination. Au-dessus des petites pièces qui font partie des boutiques de l'hôtel sur la rue, on pourrait établir des entresols, de même que sur une partie de celles qui donnent sur la cour, ce que nous avons même indiqué dans les cintres des arcades dont est décorée cette cour. *Au premier étage*, dont nous ne donnons ici qu'une indication, on pourrait laisser subsister le même portique qu'on voit au rez-de-chaussée, comme on pourrait aussi disposer cette partie pour diverses pièces qui dépendraient de l'appartement donnant sur la rue, les deux escaliers se prêtant à cet arrangement. Le reste de la cour, des deux côtés, serait distribué en grands et petits appartements, suivant les besoins de l'hôtel. Ces logements s'étendraient même au-dessus des cinq travées qui, dans la galerie circulaire au-dessous, sont destinées aux boutiques et au vestibule qui conduit au café. Voyez la coupe sur cette partie.

Planche 29.

Façades et Coupes du bazar et de la maison garnie.

Seizième maison. Cette façade présente un portique formé par des arcades : de chaque côté une croisée est ouverte sur la galerie ; à ses angles sont deux pieds-droits saillants en forme de contreforts. L'ensemble de cette façade est couronné par un entablement dorique, surmonté d'un acrotère. Au milieu de l'avant-corps est placée l'inscription Bazar. L'attique qui domine cette façade serait à peine aperçu, puisqu'il ne sert ici que de pignon sur lequel vient également, du côté opposé, s'appuyer la charpente destinée à soutenir le vitrage qui donne jour à la grande salle. A côté est placée une moitié de la coupe de cette salle, prise sur sa largeur, avec l'indication du profil de l'une des fermes et de la lanterne au-dessus pour faciliter la circulation de l'air, ainsi que pour le pignon vu en dedans. La charpente de cette voûte serait de fer forgé. Nous avons gravé à l'opposé les détails de l'un des soffites, formant, aux extrémités du plafond des galeries, des plates-bandes et des compartiments ornés et soutenus par des consoles, qui, en même temps qu'ils présenteraient une de sorte repos, serviraient encore d'encadrement aux vitrages.

Façade de la maison garnie. Cette façade a trois avant-corps peu saillants. Celui du milieu, plus orné, offre une arcade par laquelle on entre dans le vestibule qui conduit sous le portique, et de là dans la cour. Les deux autres avant-corps, de chaque côté, sont ouverts de même par des arcades, ainsi que les arrière-corps. Au-dessus sont une corniche et un acrotère, sur lequel des pilastres d'ordre ionique s'élèvent dans la hauteur de deux étages. Le premier présente des arcades en arrière-corps, et des croisées sur les avant-corps ; le second est percé de mézanines. L'ordre est couronné par son entablement, au-dessus duquel s'élève un attique percé également de petites croisées ; au milieu est une fenêtre surmontée d'une corniche, et terminée par un fronton.

Coupe. Cette coupe est prise sur l'axe de la maison, de la cour et de la rotonde du bazar ; elle laisse voir le vestibule, le portique et la cour, ensuite le passage qui conduit à la rotonde, et l'une des grandes boutiques. On conçoit que toute la charpente de cette rotonde et de la galerie qui l'entoure serait de fer. Les fermes, aplomb de chaque colonne, iraient se réunir au cercle formant la lanterne ; elles seraient maintenues par des liernes, et leurs espaces disposés pour recevoir le vitrage. Celle de la galerie serait de même composée de fermes formant des arcs-boutants, et réunie au centre par des demi-courbes en forme d'ogives. Le vitrage serait ensuite établi par-dessus, d'après le même système que pour la coupole. Nous n'entrerons pas dans d'autres détails sur les moyens à employer dans ces sortes de constructions, ils sont assez connus aujourd'hui.

Coupe sur l'axe de la grande salle du bazar. Cette coupe montre la grande salle du bazar, celle de la galerie, qui en a fait le pourtour, et où sont établis les marchands ; celle du vestibule, et, de l'autre côté, un arrangement de la rotonde. Pour la voûte de la grande salle il serait établi des fermes cintrées (voyez la coupe plus haut), aplomb des pieds-droits, entre lesquelles serait le vitrage. Une lanterne régnerait à son sommet, par laquelle seraient ménagées des ouvertures pour raréfier le courant d'air. L'autre *coupe* présente la pièce servant de café ; elle est en forme de cul-de-four, et serait éclairée par le haut. La voûte pourrait être ornée d'arabesques ; des glaces, et divers détails légers et gracieux, ajouteraient à l'ensemble de cette pièce.

Planche 30.

Plan du rez-de-chaussée et élévation d'une maison isolée.

Dix-septième maison. Après avoir conduit mes lecteurs, soit artistes ou amateurs, soit propriétaires ou négociants, de boutique en boutique, dans seize projets différents de maisons, il est temps, je crois, de penser à ceux qui, après de longs et heureux travaux, désirent jouir d'une fortune péniblement acquise dans une habitation simple, mais agréable et commode, et de leur offrir de nouveaux projets qui, s'ils ne remplissent pas entièrement leurs vues, leur donneront du moins quelques idées générales qu'ils pourront mettre en harmonie avec leurs besoins et leurs goûts.

Rez-de-chaussée. Cette maison a 15^m,65 de largeur, sur 12 mètres de profondeur. La principale entrée donne sur une rue, celle opposée sur un jardin, et les faces latérales sur deux passages ; l'espace entre les faces et les murs mitoyens pourrait servir de cour. La totalité du terrain, prise entre les murs sur sa largeur, est de 24^m,65. Sa profondeur est indéterminée. Ainsi, même si la longueur du terrain le permet, on pourrait placer la maison entre cour et jardin. Dans cette cour on construirait quelques dépendances, comme remises et écuries, etc., en profitant de la largeur des passages pour en dégager la maison. Le rez-de-chaussée présente un vestibule servant d'antichambre, et précédé d'un portique ; d'un côté est la cuisine, et de l'autre la salle à manger, qui conduit dans le salon ; du salon on communique dans deux pièces, l'une servant de bibliothèque, et l'autre de cabinet d'étude ou de repos. L'escalier, placé entre la salle à manger et la pièce servant de bibliothèque, est fermé par une cloison vitrée pour se garantir des courants d'air. La descente des caves est sous l'escalier même ; pour celle du vin en pièces on pourrait pratiquer une ouverture au dehors, dans le passage de ce côté.

Façade. La façade présente un soubassement orné d'un portique, ou d'une porte au devant de laquelle sont deux colonnes d'ordre dorique sans bases, terminées par une corniche architravée et un balcon au-dessus. Une croisée de chaque côté, et des joints figurant la pierre de taille, complètent son décor. Le premier étage est orné de croisées avec chambranles, frises et corniches, sur un ravalement lisse et couronné par une corniche. Au-dessus de cette corniche s'élèvent, dans la hauteur du second, des pilastres d'ordre ionique. Le milieu présente une grande croisée donnant sur un atelier. De chaque côté, aplomb des croisées du bas, est une niche ornée d'une statue. Cette façade se termine par une autre corniche architravée, mais plus riche par ses détails que celle au-dessous. (Voyez planches 45 et 46.)

Planche 31.

Plans des deux étages et Coupe de la dix-septième Maison.

Dix-septième maison. Plan du *premier étage.* Ce plan, ainsi que celui du second, est réduit d'un quart de l'échelle de celui du rez-de-chaussée. Cet étage se compose de trois chambres à coucher, d'un salon de forme circulaire, de plusieurs pièces intermédiaires, de garde-robe et d'un dégagement à toutes les pièces principales. La porte-croisée du salon s'ouvre sur le balcon, au-dessus du portique donnant sur la rue.

Deuxième étage. Cette maison étant destinée soit à un amateur, soit à un peintre, la grande pièce sur la rue, qui forme une galerie ou un atelier, conviendrait, au premier, comme dépôt d'objets précieux, et au second pour ses travaux. La plus grande pièce, sur le jardin, aurait une destination en rapport avec les besoins ou les goûts du propriétaire, ainsi que les autres chambres qui font partie de cet étage. Ces dernières, dont la hauteur ne serait pas en rapport avec la surface de leurs bases, pourraient être coupées par des entre-sols où l'on parviendrait au moyen d'une galerie suspendue qui traverserait la grande pièce du milieu (voyez la coupe), ou par un escalier pratiqué dans la pièce qui lui est contiguë. Les privés seraient placés dans le petit entresol, du côté de l'escalier indiqué sur le plan.

Coupe. La coupe, prise à travers le vestibule et le salon, et sur la même ligne dans toute la hauteur du bâtiment, donne l'idée de la décoration des principales pièces de chaque étage. Le vestibule pourrait être revêtu de marbre, le salon circulaire, au-dessus, orné d'arabesques et de glaces, même sur les panneaux des portes. L'atelier, ou la galerie, présente dans le fond, entre deux croisées, un piédestal servant de poële, sur lequel est un groupe de figures, et des pieds-droits saillants et ornés dans toute la hauteur, au-dessus desquels ressaute une corniche formant cadre pour les compartiments du plafond. L'embrasure des croisées, à hauteur d'appui, servirait à placer les bustes. De l'autre côté, au même étage, est une pièce à cheminée, au-dessus de laquelle est un buste sur un fond de draperie : la décoration est simple ; le haut pourrait être rempli par des tableaux. La chambre à coucher du premier est tendue en draperies, au devant desquelles sont appendus des tableaux. Le salon, au rez-de-chaussée, serait décoré d'ornements peints et de grandes glaces en opposition. La cheminée, sur laquelle serait une autre glace, pourrait être ajustée avec goût, et faite d'un marbre précieux.

Planche 32.

Maison particulière pour un artiste.

Dix-huitième maison. Cette maison, composée pour un artiste, mais qui jusqu'ici est restée en projet, est imitée, quant à la façade, d'une autre maison exécutée à Paris pour un peintre. Le terrain de face, entre deux murs mitoyens, a 12^m,65 sur 6^m,85, sans y comprendre la saillie de l'escalier de son péristyle.

L'entrée du bâtiment, au rez-de-chaussée, offre un vestibule qui, du même sol, conduit dans une cour et ensuite au jardin. L'escalier, placé sous le vestibule, monte droit jusqu'à demi-étage, et de là prend la forme circulaire dans toute sa hauteur. Il doit être construit à jour et à la manière anglaise. A droite et à gauche du vestibule sont deux pièces, l'une pour une salle à manger, et l'autre pour un salon. A côté du salon est un cabinet, auquel on communique par un petit dégagement, et la pièce parallèle est destinée à la cuisine.

Premier étage. Arrivé sur le palier, on voit en face de la porte du salon, à droite et à gauche, deux petits vestibules qui dégagent à deux chambres et à deux cabinets, et qui conduisent en même temps sur une terrasse couverte au-dessus du péristyle. Les espaces des colonnes, dans la hauteur d'appui, sont remplis par des bancs. Ces deux plans, le premier et le second, sont indiqués chacun par moitié.

Second étage. On retrouve à cet étage la même disposition, quant aux petites pièces, et pour la terrasse, qui y règne également; seulement les colonnes y sont réunies par des cintres. A cet étage les trois pièces du premier n'en forment qu'une, servant d'atelier. Au-dessus de la seconde terrasse, et à la hauteur du plancher des combles, il s'en trouve une dernière, qui est découverte.

. *Façade.* La façade présente, dans son soubassement, une porte et deux croisées. La porte est ajustée avec un chambranle, une frise et une corniche soutenue par des consoles. Les croisées sont sans moulures à leur pourtour, et sur le mur sont figurés des joints. Au premier les croisées sont encadrées par un simple chambranle, sur un ravalement uni et surmonté d'une corniche architravée. Le second est orné de six pilastres d'ordre dorique. L'espace du milieu forme une seule ouverture pour éclairer l'atelier. De chaque côté on voit une niche occupée par une statue. Une corniche, ornée de modillons, en forme le couronnement.

Coupe. Cette coupe, prise sur la profondeur du bâtiment, laisse voir le vestibule, l'escalier, les péristyles et les terrasses; au premier le salon, et au-dessus l'atelier. Comme cet étage permet encore de diviser la hauteur des petites pièces qui y sont contiguës, on pourrait les disposer comme le sont celles au-dessous, dont l'une servirait pour les privés.

Nota. Des deux projets que nous venons de présenter, un seul, le premier, pourrait être isolé de toute part, comme nous l'avons fait observer. Mais ceux qui vont suivre doivent l'être entièrement, et construits sur un terrain libre. Leurs dépendances, telles que les cours, les écuries, les remises, les hangars, etc., devant être disposés suivant l'emplacement où l'on veut les bâtir, nous ne pouvons rien présenter qui puisse satisfaire à cet égard. Ce que nous devons faire observer seulement, c'est que ces accessoires, nécessaires pour les maisons de ce genre, doivent toujours être en harmonie avec ces maisons; qu'ils ne s'élèvent qu'à une médiocre hauteur pour ne point nuire à la vue, et laissent dominer le bâtiment principal; qu'ils soient bien en parallèle, quelle que soit leur destination; que leur décoration soit toujours la même.

Planche 33.

Plans des divers étages, Elévation et coupe d'une Maison à l'italienne.

Dix-neuvième maison. Le terrain nécessaire pour la construction de ce bâtiment a, de face, pris dans œuvre, 19 m. sur 10 m. 81 c. de profondeur. Son entrée, au rez-de-chaussée, s'annonce par un porche, dont le milieu est ouvert sur un vestibule qui conduit au jardin. De chaque côté du porche on voit un escalier, l'un pour le service des étages supérieurs, et l'autre pour un entresol. Une cuisine, un garde-manger, un office et une salle à manger, occupent un des côtés du bâtiment. Dans l'autre sont un salon, une chambre à coucher et divers cabinets. L'entresol, ou petit étage, régnerait sur les deux parties qui forment des pavillons, et sur le vestibule. Le salon et la salle à manger comprendraient la hauteur totale du rez-de-chaussée. Au niveau de l'entresol, parallèlement au principal escalier, il en serait construit un autre pour le service de ce côté. C'est dans cet entresol qu'on pourrait loger des domestiques. La galerie suspendue sous le porche, qui du grand escalier conduit à l'escalier dérobé, en faciliterait la communication.

Premier étage. Le premier étage est distribué pour deux appartements qui n'ont aucune communication entre eux, mais que l'ouverture d'une porte, dans l'un des cabinets des alcoves, pourrait réunir en un seul; et par un dernier arrangement, en fermant deux portes, on trouverait cet étage disposé pour quatre chambres ayant chacune un cabinet.

Second étage. Les deux pavillons qui surmontent le bâtiment, et qui forment cet étage, renfermeraient un billard d'un côté, et de l'autre une galerie ou une bibliothèque; l'un et l'autre auraient un cabinet.

Façade. Cette façade est imitée de celle d'un cazin des environs de Rome. Cette simplicité de décoration n'est point connue dans le nord de la France; mais, comme cet ouvrage n'est pas restreint dans cette limite, on pourrait, dans les contrées méridionales, ou même dans tous autres endroits où la pierre propre aux moulures, ainsi que le plâtre, sont rares, adopter cette façade pour une habitation de ville ou de campagne.

Coupe. La coupe, prise à travers le porche et le vestibule, laisse voir la galerie de communication pour le petit étage, et la disposition du reste du bâtiment.

5

Planche 34.

Plan du rez-de-chaussée et du premier étage, Façade et coupe d'une Maison de campagne.

Vingtième maison. Le plan de cette maison, pris dans œuvre, occupe sur sa face un espace de 16 m. sur 17 m. 48 c. de profondeur. Son entrée principale s'annonce par un portique percé de trois arcades, sous lequel, par un vestibule, on arrive à un escalier qui conduit à la hauteur de tous les étages du bâtiment. Cet escalier, à sa première montée, ne présente d'abord qu'une seule rampe, ensuite deux, puis une seule, suivant la hauteur des étages ou demi-étages. Entre l'espace qui enferme la cage et l'escalier même est un palier qui en fait le tour, et dégage à chaque appartement. Au rez-de-chaussée, d'un côté, sont une cuisine, une salle à manger et un petit salon; au centre est un grand salon circulaire. Des chambres à coucher, des cabinets et des garde-robes occupent l'autre côté. Toutes ces pièces ont leur dégagement indépendant les uns des autres. Entre le rez-de-chaussée et le premier étage, sur la cuisine, le vestibule, le cabinet et les autres pièces attenants, règne un petit étage, ou entresol. Les autres parties n° 1, 2, 3 et 4, seraient de la même hauteur que le salon.

Premier étage. Le premier étage présente deux appartements et un salon d'hiver, dans lequel on arrive sans passer par les appartements. Du côté opposé, sur le même sol, est une antichambre qui conduit dans une galerie qui communique de chaque côté à une chambre et son cabinet, et par la même antichambre à deux chambres de domestiques.

Plan du belvéder. On arrive au belvéder par un escalier tournant pratiqué dans la pièce au dessous.

Façade. Cette façade est imitée de l'une des nouvelles Villa-Parisis. Au rez-de-chaussée deux colonnes et deux pilastres, d'ordre dorique grec, sont liés par des cintres formant trois arcades ornées d'archivoltes. Au dessus règne une corniche architravée, sur laquelle, au premier étage, sont trois arcades encadrées par une moulure sans interruption. Un entablement complet termine cette façade, dont les angles sont taillés de refends. Au dessus du comble s'élève un belvéder décoré de pilastres et d'arcades, et couronné par un entablement.

Coupe. La coupe, prise à travers le portique, le vestibule, l'escalier et le salon, montre sur la même ligne celle de toute la hauteur de la maison. On voit, au haut de la pièce au dessus du portique, et dans la frise de la façade, l'indication ponctuée de la forme des croisées sur les faces latérales, pour éclairer le petit étage qui régnerait sur toutes les pièces, à l'exception du salon et de la galerie sur le portique; on y trouve aussi une idée de la décoration des deux salons.

Planche 35.

Plans, Élévation et Coupe d'une Maison de campagne.

Vingt-et-unième Maison. Cette maison a, de face, 19 m. sur 14 m. 81 c. de profondeur, l'une et l'autre mesures prises dans œuvre. Le plan du rez-de-chaussée, sur la principale entrée, forme deux ailes, et le centre du bâtiment est ouvert par trois arcades sur un porche, au milieu duquel est l'entrée d'un vestibule et celle de l'escalier. Dans l'un des côtés sont une antichambre, une salle à manger, une salle de billard, une cuisine et ses dépendances; de l'autre, un salon, deux chambres à coucher, des cabinets et des garde-robes. On communique de la salle à manger au salon par un dégagement donnant sur le jardin. Ce dégagement se trouve répété à chaque étage.

Premier étage. Cet étage se compose de deux appartements précédés chacun d'une anti-chambre. De la galerie ouverte au dessus du porche, on communique des deux côtés à une chambre et un cabinet. Nous avons indiqué, pour ces deux chambres, sur chaque chemi-née, une glace sans tain devant les croisées, les cheminées devant être placées dans leur embrasure.

Second étage. Cet étage réunit tout à la fois l'utile et l'agréable. Outre deux grandes chambres et leur cabinet, on y trouve un salon et une bibliothèque. Toutes ces pièces com-muniquent entre elles, ainsi qu'aux petites chambres sur les deux ailes. Leurs issues don-nent toutes sur une galerie, dont l'embellissement se rattacherait au goût du propriétaire. De chaque côté de cette galerie, dans les pièces sur les avant-corps, deux escaliers condui-raient au petit étage pratiqué au dessus, dans lequel seraient ménagées des chambres pour les domestiques et des privés. Elles tireraient leur jour sur les faces latérales.

Façade. Nous avons imité, pour la façade de cette maison, celle d'une villa à Rome. Elle est trop simple pour avoir besoin d'une description. Les croisées de la face oppﾠse, ainsi que celles des côtés latéraux, au rez-de-chaussée et au second, seraient ajustées comme le sont celles de la façade principale au second étage.

Coupe. Cette coupe, prise sur l'axe du bâtiment, en fait voir l'intérieur passant sur cette ligne. Les plans et l'élévation, réunis sur la même planche, rendront facile l'intelligence des rapports qu'ils ont entre eux.

Planche 36.

Plans, Élévation et Coupe d'une Maison de ville ou de campagne.

Vingt-deuxième maison. Le plan de cette maison a 19 m. de face dans œuvre, sur 16 m. de profondeur. La cuisine et ses dépendances seraient établies sous le sol du rez-de-chaus-

sée. Elevée sur un acrotère, cette maison présente un avant-corps de quatre colonnes engagées, entre lesquelles sont trois ouvertures dont la profondeur des baies est ici motivée
par la saillie d'un balcon au premier étage; celle du premier étage, pour un autre balcon
au pied du belvéder. Cette disposition est de pur agrément; elle peut être réduite à une
simple application au devant de la façade, et sans autre saillie que celle des colonnes, engagées du tiers de leur diamètre, et que l'on peut même réduire à celles de simples pilastres sur toute la façade. Revenons au plan. Dans le vestibule on voit l'escalier en face de
soi; à gauche du vestibule est une antichambre, ensuite la salle à manger, un office et un
petit salon. Du côté opposé se trouve un appartement composé de chambres à coucher et
de cabinets, qui tous se réunissent à un grand salon, et complètent cette partie d'habitation. Entre le salon et le grand escalier, divers dégagements facilitent la circulation; dans
un de ces dégagements est un escalier qui conduit au petit étage pratiqué sur tout ou
partie des pièces de ce côté. Les lignes ponctuées dans le salon indiquent le système de
plancher qu'il faudrait adopter pour supporter la distribution qui est au dessus.

Premier étage. Au premier étage, sur le palier, on trouve trois portes : celle du milieu
donne entrée dans un vestibule qui communique d'un côté à une salle de billard, et de
l'autre à une bibliothèque. Les deux autres conduisent aux diverses pièces distribuées en
chambres et en cabinets, et ensuite dans une galerie au devant de laquelle, sur le jardin,
est une serre pour ranger des plantes d'agrément pendant l'hiver. On arrive de même à la
galerie par des corridors, au bout de l'un desquels est un escalier pour le service du petit
étage, et qui de là mènerait au belvéder.

Façade. Cette façade est encore une imitation de l'une des nouvelles Villa-Parisis. Pour
donner quelque chose au luxe de la décoration, et épargner la dépense, l'ordre dorique
du rez-de-chaussée n'est ici couronné que d'une architrave surmontée d'une corniche
d'appui, sur laquelle pose un ordre ionique couronné par son entablement. On arrive au
rez-de-chaussée par plusieurs marches encaissées entre deux saillies formées par un acrotère, au devant de deux colonnes d'angles. Entre les colonnes, trois arcades donnent entrée dans le vestibule, et les arrière-corps sont percés chacun d'une croisée encadrée par
un chambranle. Au premier étage, les cinq croisées, dont trois entre les colonnes, et deux
par les côtés, sont ornées de chambranles, de frises et de corniches supportées par des
consoles. Les angles du bâtiment sont taillés de refends alternativement inégaux. Au dessus
du second ordre est une balustrade au devant d'une terrasse, et au pied du soubassement,
sur lequel s'élève un belvéder orné de colonnes, dont les intervalles sont remplis par trois
croisées; il est terminé par un entablement surmonté, si l'on veut, par la girouette obligée.

Coupe. La coupe, prise sur l'axe horizontal et perpendiculaire du bâtiment, montre au
rez-de-chaussée le vestibule, le grand escalier et le salon; au premier, la saillie de l'avant-
corps, sur lequel le second ordre est en retraite; enfin la galerie ou vestibule, la cage de
l'escalier et les pièces au dessus du salon, dont la construction serait en menuiserie. Au dessus
de la niche, ou cul de four, qui fait partie du décor de la galerie, après avoir monté l'escalier qui est indiqué sur le plan du premier étage, on trouve le même corridor qu'au dessous,
dans lequel est une montée dont on voit la pente par la ligne ponctuée dans la voûte de
l'escalier, et qui conduit à un couloir où se trouverait un petit escalier pour arriver au bel-

véder. Le tracé de cet escalier, ainsi que la disposition du belvéder, est exprimé par des lignes ponctuées sur le vestibule du premier étage.

Planche 37.

Plan du rez-de-chaussée et des divers étages d'une Maison isolée de toute part.

Vingt-troisième maison. Cette maison, isolée de toute part, pourrait être élevée entre cour et jardin. Quelques bâtiments, tels que des écuries, des remises et d'autres accessoires, disposés de chaque côté de la cour, et liés au soubassement, formeraient un ensemble agréable. On pourrait construire, dans la hauteur de ce soubassement et au niveau du sol, des cuisines, des galeries souterraines pour y communiquer, de sorte que, dans le mauvais temps, on pourrait en parcourir toutes les parties à couvert. Le terrain de cette maison a 20 m. de face sur 23 m. 33 c. de profondeur pris dans œuvre, sans y comprendre la saillie du salon sur le jardin, non plus que celle des colonnes du portique sur la cour. Du sol de la cour on monte, par deux perrons vus de profil, sous un portique formé par quatre colonnes en saillie du carré de leur espacement sur le mur de face. De là, dans un vestibule, l'escalier qui conduit à tous les étages se présente en face de l'entrée ; sous ce même escalier est la descente aux cuisines d'un côté, et de l'autre sont des lieux à l'anglaise qui dépendent de l'appartement. Du vestibule on passe dans une antichambre, ensuite à la salle à manger et de là au salon de réunion, donnant sur le jardin. L'autre partie opposée présente un appartement qui se compose d'une chambre à coucher, avec une alcove et une garde-robe, d'un cabinet de toilette et d'un couloir qui conduit aux anglaises et à une autre chambre sur la cour, dont une entrée donne sur le vestibule. Au dessus du cabinet serait un petit entresol auquel on parviendrait par le grand escalier.

Entresol. Arrivé sur le palier par l'une ou l'autre des rampes qui y conduisent (cet escalier présente une seule rampe du point de la première montée et deux à la hauteur de chaque étage), la porte qui se présente en face ouvre sur une antichambre, dans laquelle, de chaque côté, est un cabinet, puis une chambre à coucher, et en retour une autre pièce. On peut de cette dernière, au moyen d'un couloir, passer dans la chambre du fond, qui a de même un cabinet, dans lequel on pénètre également par le couloir. Le côté opposé comporte la même distribution. Si, comme l'indique le plan, on voulait diviser ces deux appartements en quatre autres plus petits, en suivant la rampe de l'escalier, on trouverait à droite et à gauche une porte, ouverte dans le couloir, pour une entrée indépendante des deux premières.

Premier étage. Le premier étage offre une galerie divisée en trois parties. De cette galerie, dont on peut former trois pièces particulières, on communique à droite et à gauche à deux appartements, dans lesquels on parvient également par l'escalier, le système de sa construction étant le même pour chaque étage. Sur ce palier, deux portes donnent entrée dans une salle de billard, placée au dessus du salon, et dans deux petites pièces ou cham bres de domestiques pour le service des deux appartemens. De la galerie on passe de plain-pied sur la terrasse qui est au dessus du portique.

Second étage. Sur le devant est une bibliothèque; du côté opposé un cabinet ou atelier. Le reste est divisé en appartements d'après le même système ou avec les mêmes avantages qu'au premier étage. On voit dans quelques pièces des cheminées placées dans l'embrasure des croisées, dont les conduits pour la fumée se dévoient, suivant l'usage, dans l'épaisseur des murs. Nous n'avons offert ici que la moitié du plan de cet étage, l'autre devant lui être conforme. Nous avons, pour celui du troisième, operé de la même manière.

Troisième étage dans les combles. L'étage sur les combles est divisé par petites pièces pour les domestiques, et un garde-meuble donnant sur le jardin. Deux escaliers pour le service de la couverture y sont aussi exprimés, ainsi que des privés disposés distinctement pour les maîtres et les domestiques.

Planche 38.

Élévation ou Façade principale de la vingt-troisième Maison.

Nota. L'échelle de l'élévation et des coupes est plus grande que celle pour les plans, de la moitié en sus des plans mêmes.

Vingt-troisième maison. Cette élévation présente, dans la hauteur du rez-de-chaussée et de l'entresol, un portique d'ordre ionique couronné de son entablement. Il est élevé sur un acrotère ou piédestal, au niveau duquel on arrive par deux perrons vus de profil, appuyés sur les arrière-corps. Les angles du bâtiment sont ornés de pilastres. De chaque côté de la porte d'entrée, au devant des croisées, sont deux piédestaux sur lesquels sont posées deux statues, dont les draperies peuvent être amples, sans intercepter le jour du vestibule, qui en recevrait encore par l'escalier. Le second étage, décoré de pilastres d'ordre corinthien et de son entablement, est terminé par un fronton. Les croisées du rez-de-chaussée sont avec chambranles, frises, corniches et consoles; celles du premier ne portent point de consoles, et celles des petits étages sont en forme de mézanines, avec un simple encadrement. On voit, au dessous de la façade, la coupe prise au devant du bas de l'escalier, présentant sa première montée, la coupe de l'office et du passage à la salle à manger. D'un côté et de l'autre, celle du couloir, du cabinet et de l'entresol au dessus. Le dessous laisse voir le passage traversant le souterrain, et indiquant ses deux abords par la cour, et la montée intérieure qui conduit au sol du grand escalier (1).

---

(1) Pour la construction, l'entente et la pratique des différents escaliers dans tous les projets de bâtiments que nous offrons dans cette troisième partie, nous renvoyons à la quatrième partie, qui traite spécialement de leurs constructions, depuis les plus simples jusqu'aux plus composés.

Planche 39.

Coupe prise entre la cour et le jardin.

Vingt-troisième maison. Par cette coupe, prise entre cour et jardin sur la ligne du milieu du bâtiment, on aura une idée de la forme des pièces, ainsi que de la décoration de chacune d'elles, et à chaque étage (1). La coupe de l'escalier y est exprimée dans toute sa hauteur, ainsi que l'arrivée à chaque palier, ses retours d'équerre, l'indication des portes pour les divers appartemens, et enfin la forme de la lanterne par laquelle il tire son jour. Nous avons donné une idée, sur la même ligne, de la coupe du souterrain, dans lequel sont disposés les cuisines, les offices, etc., qui seraient exposés au Midi; la partie opposée serait destinée aux caves. Sous l'escalier, aplomb de la statue, on voit des marches qui conduisent à la hauteur du sol de la cour. C'est par ce passage (voyez la coupe au dessous de l'élévation), ainsi que par celui opposé, que se ferait le service de toute cette partie du bâtiment, puisque l'escalier qui conduit à l'intérieur, sous le vestibule, est réservé pour le reste de la maison. Nous ne faisons qu'indiquer cette partie du bâtiment, sa disposition étant la même que celle du rez-de-chaussée, et sa distribution intérieure, qui est toute de localité, se subdivisant en raison des besoins. Les jours seraient pris dans la hauteur du nu de l'acrotère, aplomb des croisées du bâtiment. Les détails placés sur la coupe sont, figure 1″, ceux de la porte d'entrée sous le portique; les mêmes profils, aux dimensions près, pourraient être applicables aux croisées du rez-de-chaussée, ainsi qu'à celles du premier étage, en supprimant les consoles; la saillie de la corniche et du chambranle serait dans les mêmes rapports avec la largeur des croisées, puisqu'elle en règle la hauteur. La figure 2 présente l'entablement du salon, et la figure 3 le chapiteau des pilastres.

Planche 40.

Plans, Élévations et Coupe d'un Pavillon de plaisance ou Rendez-Vous de chasse.

Vingt-quatrième maison. Plan du *Soubassement.* Les différentes pièces formant la distribution intérieure du soubassement du pavillon sont réservées pour la cuisine, la cave et autres dépendances. Son entrée est au bas d'une terrasse, au devant de laquelle le bâtiment est en saillie sur une route ou au milieu d'un parc, en un mot, dans une position agréable.

Plan du Pavillon ou du premier étage. Le côté donnant sur le parc est élevé sur un autre

---

(1) On pourra trouver, dans notre *Guide de l'Ornemaniste*, des ornements applicables à ces intérieurs, tels que des arabesques, des frises, des panneaux, etc., etc.

soubassement présentant deux perrons, l'un à droite et l'autre à gauche, qui conduisent dans une galerie ou un salon. Au milieu du salon, et de chaque côté, se trouve une porte donnant sur un escalier; d'autres portes, prises à fleur des murs, communiquent aux quatre pièces attenant à la principale. Ces pièces seraient destinées pour des lieux de repos et d'agrément. Les deux escaliers, prenant du rez-de-chaussée pour le service du premier étage, conduiraient de là aux pièces plus élevées, dont l'un des côtés serait disposé pour un gardien, et l'autre pour l'usage du pavillon. Sur chaque palier, au sol du premier étage, on pourrait ouvrir des portes de dégagement pour la facilité du service de la salle à manger, du petit salon, etc.

Élévations ou *Façades*. Les deux façades ne diffèrent entre elles que par leur soubassement. Celui de la première, sur la route, est ouvert par une arcade donnant entrée aux pièces qu'il renferme, et qui tirent leur jour par des croisées ouvertes sur la face principale et sur celles latérales. Au devant du premier étage, sur cette face, est un balcon saillant de plain-pied avec la galerie; au dessus s'élèvent des colonnes réunies par un ceintre formant dans sa hauteur une grande arcade qui, répétée par celle de la face opposée, éclairerait suffisamment la grande pièce. Des croisées et des mézanines sur les arrière-corps et sur les côtés latéraux, complètent l'ensemble de cet édifice, que couronne un entablement orné de consoles; le tout est terminé par un acrotère servant d'appui à la terrasse du pavillon.

Coupe. La coupe, prise sur la profondeur du bâtiment, laisse voir la disposition des pièces que renferme le soubassement; la salle principale au dessus, dont la décoration forme trois travées; celle du milieu, plus ornée, présente une voûte en arc de cloître, et embellie de peintures agréablement variées. Le plafond des deux autres travées recevrait des ornements analogues. Les portes ouvrant sur les petites pièces seraient, sur chaque côté, ajustées à fleur du ravalement, et ne formeraient qu'un même corps. Il est inutile d'ajouter que, pour clore cette galerie tant sur les côtés qu'aux extrémités, un assemblage de menuiserie, qui régnerait sur l'alignement des murs intérieurs et laisserait les colonnes en dehors, serait d'un ajustement facile et d'une composition très-simple.

Ici se termine la série des plans de maisons que nous nous étions proposé de donner. Ils sont au nombre de *vingt-quatre*. Nous les avons variés autant que ce nombre pouvait le permettre, pour conduire par gradation nos lecteurs du simple au composé, tout en nous renfermant dans le but primitif de notre ouvrage.

Les quatre planches qui vont suivre présenteront vingt façades, les unes imitées de celles de maisons élevées dans Paris, les autres entre ces dernières et leur composé. Rome et ses environs nous ont fourni quelques autres modèles qui, fondus avec ceux que nous offrent plusieurs maisons de la capitale, pourront inspirer de nouvelles combinaisons, et quelquefois même s'adapter aux plans que nous avons offerts dans les planches précédentes. Cependant il ne faut point ici s'abuser; nous réussirons toujours mal en voulant adapter le caractère de ces façades à nos bâtiments. En Italie, les fenêtres des maisons sont rares ou petites, et en opposition avec de grandes ouvertures donnant sur des galeries profondes pour obtenir de la fraîcheur dans un climat beaucoup plus chaud que le nôtre. En Italie, il n'est pas d'habitation si petite dans laquelle on n'ait sacrifié au luxe, tant pour la distribution que pour la décoration. En France, si l'on excepte les maisons d'agrément, les hôtels particuliers ou les monumens publics, tout est soumis à la plus mince spéculation. Il faut que les plus petits recoins d'une maison rapportent à leur propriétaire; et une maison construite au centre de Paris, avec une façade rappelant le style de celles des maisons d'Italie, paraîtrait tellement étrangère et déplacée, que nous doutons qu'elle y pût conserver une faveur durable, tant est grande la force de l'habitude ou de l'intérêt; car, chez nous, il faut pour nos usages des croisées très-rapprochées, parce qu'il faut beaucoup de pièces, grandes ou petites, mais toutes réunies, et pour ainsi dire entassées.

Planche 41.

Modèles de Façades de différents genres.

Diverses Façades. La façade, fig. 1re, est imitée, mais sur une plus grande échelle, de l'une de celles que l'on voit dans Paris. Elle est élevée sur un mur de terrasse dont la profondeur, jusqu'à la maison même, facilite l'agrément d'un parterre orné de fleurs. Cette façade est décorée, au rez-de-chaussée, de quatre pilastres en forme de contreforts qui supportent des statues. Le milieu est ouvert par une grande arcade, et les côtés, sur les appartements, le sont par de plus petites. Les quatre pilastres sont répétés au premier étage, mais avec moins de saillie, et supportant de même des figures sur lesquelles pose la corniche de l'attique. Le premier est décoré de croisées ajustées, et l'attique n'a que de simples baies. La coupe, prise sur le mur de face, indique les divers mouvemens que présente l'élévation dans son profil. On conçoit que l'entrée principale de cette maison, qui est opposée à celle-ci, donne dans une cour ou dans une rue.

Façade, fig. 2e. Cette maison, élevée sur un terrain fort étroit, présente dans sa hauteur six étages. Sa façade, développée sur une plus grande surface, en conservant sa disposition et en élargissant les trumeaux, pourrait produire un résultat satisfaisant.

Façade, fig. 3e. La façade de cette maison est une de celles qu'on peut remarquer pour la simplicité de son ensemble et la proportion graduée de ses croisées. Son entrée principale, la disposition du soubassement, celle des croisées au-dessus du centre de la décoration, sont aussi d'un effet satisfaisant. Il n'y a point ici d'abus de moyens, de tour de force pour produire de l'effet. Cette façade peut être exécutée partout, et partout elle réussira.

Planche 42.

Façades imitées de celles de diverses Maisons d'Italie.

Diverses Façades. Des trois façades qui occupent le haut de cette planche, les fig. 1re et 2e sont des imitations, en quelque sorte, de celles que l'on voit à Rome ou dans ses environs.

6

Mais ici elles sont modifiées et se rapprochent un peu plus de nos usages. Ces sortes de maisons, qu'on pourrait nommer de fantaisie, ne présentent pas une grande largeur sur leur face, mais on pourrait y suppléer par la profondeur en faisant les appartements dou-bles, si le terrain le permettait, et en tirant les jours sur une cour ou sur un jardin.

Façade, fig. 3ᵉ. Cette maison se voit à Rome. Des saillies en forme de contreforts, à ses angles, sont traversées par un bandeau et une corniche qui marquent la division des étages. Sous une espèce d'auvent, servant de corniche de couronnement, sont des méza-nines. L'attique, au-dessus, présente une terrasse couverte que l'on nomme loge.

Façade, fig. 4ᵉ. Cette fabrique, située dans les environs de Foligno, offre un joli motif pour une maison des champs. On pourrait y adapter un des plans qu'on trouve aux plan-ches 33, 34 ou 35, avec quelques changements pour l'entrée principale.

Façade, fig. 5ᵉ. Cette fabrique est encore ici une imitation de celles que l'on rencontre en Italie. La combinaison en est simple. Elle est surmontée d'une petite loge, et peut de même s'adapter à l'un des plans auxquels nous avons déjà renvoyé ci-dessus.

Façade, fig. 6ᵉ. Cette façade, pour un grand édifice, n'a d'autre motif que celui de pré-senter un ensemble qui pourrait trouver son emploi. Un vaste portique, formant avant-corps, au-dessus duquel serait pratiquée une galerie ou de grandes salles, est terminée par une pièce ayant au dehors l'apparence d'une loge, mais qui pourrait être disposée intérieurement pour un autre usage. Les arrière-corps contiendraient des appartemens ou des pièces dépendantes, ou d'autres enfin nécessaires à l'emploi du bâtiment. Le pignon qui surmonte l'édifice indique la place d'une pièce de réunion.

Planche 43.

Autres Façades imitées de celles de Maisons d'Italie.

Diverses Façades. Les quatre façades que renferme cette planche sont prises dans diffé-rents quartiers de Rome. *Façade*, fig. 1ʳᵉ. Cette élévation offre un ensemble facile à em-ployer dans une position isolée, et propre à un hôtel, à une maison de campagne, ou pour toute autre destination. Les colonnes sont engagées du quart de leur diamètre sur le mur (voyez la coupe). Sous leur rapport proportionnel, elles sont peut-être un peu écartées les unes des autres. Mais ce n'est pas le seul exemple donné par des maîtres habiles; car, pour l'emploi des ordres d'architecture dans ces sortes de décorations, souvent on a donné plus au caprice qu'à la régularité : l'essentiel est de réussir.

Façade, fig. 2ᵉ. Comme maison particulière et isolée entre cour et jardin, celle-ci nous semble devoir plaire par l'harmonie et la simplicité de son ensemble ; la façade pourrait aussi convenir à une maison de campagne.

Façade, fig. 3ᵉ. Cette façade a quelque chose de bizarre dans son ensemble ; nous nous asbtiendrons de prononcer sur son mérite, et nous la livrons, telle qu'elle est reproduite ici, au goût de ceux à qui elle pourrait convenir.

Façade, fig. 4ᵉ. Cette maison, formant deux avant-corps à ses côtés, dont la saillie peut être plus ou moins prononcée, a pour entrée principale, au rez-de-chaussée, trois arcades qui, ainsi qu'au premier étage, sont supportées par des colonnes. Le portique du bas et la galerie du haut sont sans fermeture, ce qui donne du jeu à cette façade par l'opposition du grand jour avec les fonds en clair-obscur. Le climat tempéré autorise l'usage de ces grands-percés. Mais ici il faudrait qu'ils fussent clos par des châssis vitrés, ce qui détruirait l'effet que cette élévation produit naturellement en Italie. L'ensemble en est agréable et de bon goût. La maison qui en serait décorée pourrait être convenablement placée aux abords d'un jardin anglais, où nous pensons qu'elle devrait réussir.

Façades, fig. 5ᵉ et 6ᵉ. Ces deux petites façades, d'égale dimension en largeur et en hauteur, ont chacune un vestibule ouvert (la fig. 5) de toute la largeur sur une profondeur de 1 m. 32 à 1 m. 65 c. La fig. 5 ne le serait que de la largeur d'un entre-colonnement. On pourrait, sur cette même façade, former un avant-corps en terrasse, et sur l'autre mettre au même aplomb la façade dans toute sa hauteur. La même échelle est commune à ces trois dernières élévations.

Planche 44.

Façades imitées de celles de Maisons de France et d'Italie.

Diverses Façades. Fig. 1ʳᵉ. Cette façade, prise de celle d'une maison située dans les environs de Rome, porte un caractère qui convient à tous les climats. Son ensemble, ses proportions relatives, son effet pyramidal, et la simplicité même de son ajustement en général, offrent une sorte de modèle dans son genre.

Façade, fig. 2ᵉ. La façade de cette maison, dont l'idée est prise sur une du même genre à Paris, est élevée sur un mur de terrasse. Son avant-corps offre deux portiques élevés l'un sur l'autre; au premier il présente une terrasse couverte, et celle du second est découverte (voyez la coupe). Au niveau de cette dernière s'élève un attique qui couronne toute la façade. L'effet en est assez remarquable, en général, pour qu'on puisse s'y arrêter avec une sorte d'intérêt.

Façade, fig. 3ᵉ. Cette façade rappelle celle d'une maison de campagne prise dans les environs de Paris. Un portique composé de quatre colonnes d'ordre toscan, orné de son entablement, couronné par un fronton, est en saillie sur le bâtiment, au devant duquel est une double rampe. Au bas de cette rampe est une porte donnant entrée aux cuisines et aux caves. Un premier, et un petit étage au dessus, forment avec le bas l'ensemble de ce bâtiment, au dessus duquel s'élève une petite loge.

Façade, fig. 4ᵉ. Cette maison présente une imitation des petites fabriques d'Italie, mais appropriée à nos usages.

Façade, fig. 5ᵉ. Cette fabrique se voit à Rome. Une grande arcade forme l'entrée du rez-de-chaussée, qui est élevé sur une sorte de soubassement. Cette arcade donne sur un vestibule, au fond duquel on aperçoit une porte. Elle se compose, au dessus, de deux étages éclairés par des croisées cintrées. Au dernier étage est une loge ouverte par trois arcades dont les cintres, ainsi que ceux des autres ouvertures, sont figurés par des joints ou des briques.

Planche 45.

Entablements ou Corniches qui peuvent s'adapter aux diverses Maisons contenues dans cet ouvrage.

Détails. Cette planche renferme quatre entablements complets, dont deux ont leur plafond tracé au dessous de leur profil ; deux corniches architravées, dont l'une est dorique ; ensuite deux corniches de soubassement, deux impostes et deux archivoltes, et enfin quatre autres corniches pouvant servir également pour des acrotères ou des appuis.

Planche 46.

Entablements et Corniches, suite de la planche précédente.

Détails. Cette autre planche se compose de quatre corniches ou supports de balcons de formes variées, ainsi que leurs consoles ; de deux corniches architravées, deux entablements complets qui pourraient, de même que les premiers, servir de couronnement pour les maisons ; ensuite de deux corniches rustiques, et enfin de la base de la corniche d'un piédestal ou d'un acrotère.

Planche 47.

Galeries ou Passages.

Nous offrons ici une simple idée des quatre passages principaux à l'instar desquels il en a été construit dans beaucoup de quartiers de la capitale (1). Les deux premiers, celui de *Colbert* et de *Vivienne*, ont pris à juste titre le nom de galerie. En effet, leur abord, leur

(1) Les passages qui existaient avant ceux-ci, tels que ceux des Panoramas, de Delorme, du Cloître-Saint-Honoré, etc., n'ayant aucune décoration remarquable, nous ne faisons que les citer.

ensemble, ainsi que l'entente de leur plan et de leur décoration, tout y approche de la magnificence. Le passage *Vero-Dodat* offrirait peut d'intérêt sans le luxe de la devanture de ses boutiques, dont les bâtis sont tout de cuivre poli et bien entretenus. C'est là son seul relief; on ne peut le classer comme monument architectural. C'est simplement une file de boutiques ajustées avec goût, et dont l'ensemble plaît par l'emploi habilement calculé des matériaux dont on a fait usage. Le passage du *Saumon*, trop haut et trop étroit relative-ment à sa longueur, malgré le jeu de la saillie des pilastres qui séparent chaque boutique, et l'étage au dessus, est cependant d'un aspect monotome. Cette sorte d'architecture sévère est triste et froide, si on la compare à celle des galeries *Vivienne* et *Colbert*. En entrant dans ces dernières, une sorte de satisfaction vous prévient en faveur de leur ensemble, et l'on ne s'aperçoit pas qu'elle est due à l'harmonie qui règne dans toutes les parties. La galerie *Vivienne* a un caractère plus uniforme, mais son plan est bien conçu, et sans avoir précisément l'élégance de sa voisine, le bon effet qu'elle a produit dans le principe, comme première née des deux, se soutient toujours.

Planche 48.

Galerie du Palais-Royal, sa coupe et celle des Galeries de la planche précédente.

Coupes prises par moitié sur la largeur des deux passages *Vero-Dodat* et du *Saumon*, et des galeries *Vivienne* et de *Colbert*, de la planche précédente. Nous avons placé au-dessous une intention de la nouvelle galerie du *Palais-Royal*. On ne peut rien dire du caractère d'architecture qui la décore; comme il se lie à d'autres parties du bâtiment principal, il a fallu l'y faire coordonner. Son effet est grand, riche même et digne du palais dont elle fait partie. Une moitié de la coupe, prise sur sa largeur, est placée auprès. Le reste de la place est rempli par deux devantures de boutiques.

Planche 49.

Devantures de Boutiques.

Les encouragements donnés à l'industrie, aux expositions publiques, en ayant accéléré les progrès, une louable émulation s'empara de toutes les parties de la fabrication relative aux arts et au commerce en général. La richesse des couleurs, la finesse des tissus, et tant d'autres améliorations, ne pouvant être aperçues au fond des boutiques ou des magasins dont nos pères, élevés dans la routine des plus anciens temps, se contentaient, il fallut changer leurs dispositions, les rendre plus apparentes, plus claires, et surtout attirer les regards par un étalage presque pompeux. Mais les vieilles maisons ne se prêtant guère, pour la plupart, à ces innovations, on y a adapté de fausses devantures qui ne cadraient pas toujours avec la décoration primitive. Mais le but qu'on se proposait était rempli, et bientôt on vit dans Paris mille formes de boutiques nouvelles, où un brillant étalage vous donnait la faculté de faire un choix sans entrer dans le magasin. Mais comme avec le tems tout s'améliore, et qu'il est peu des nouveaux bâtiments dont le rez-de-chassée ne soit aujourd'hui disposé pour des boutiques ou des magasins, on a eu recours le moins possible à ces devantures ajoutées, et l'on a pratiqué des ouvertures assez grandes pour y adapter un vitrage élégant qui remplit le but, et qui, loin de déparer la maison, s'y lie, et lui prête même une sorte de richesse en ajoutant à l'harmonie de l'ensemble. C'est une intention de ces sortes de décorations que nous offrons ici ; on en a rencontré quelques autres dans le cours de cet ouvrage.

OBSERVATION.

Cependant, je dois dire ici que, dans l'imitation de différentes façades des nouvelles maisons de Paris, je n'ai présenté que celles qui, par leur simplicité, la convenance et l'ensemble de leurs proportions, pouvaient en quelque sorte servir de modèles. Pour la plupart des autres, et elles sont en grand nombre, dont la décoration par les devantures de boutiques, qui sont loin d'être en harmonie avec l'architecture de leurs façades, et qui ne paraissent reposer que sur un frêle appui, ce qui en constitue la solidité, étant masqué par des vitrages continus, et bien qu'on conçoive la base assez forte sur laquelle elles reposent, ne satisfont aucunement l'œil du spectateur. N'y ayant reconnu aucun principe, j'ai cru ne pas devoir m'en occuper.

Depuis, les innovations de tous genres, loin de présenter quelques améliorations, sont souvent plus discordantes les unes que les autres, et toujours en contradiction, puisque, pour obtenir de grandes ouvertures, la charge supérieure en porte-à-faux n'est étayée que par des colonnettes de fer fondu, que le moindre mouvement, occasionné par un vice de construction, peut briser et entraîner dans leur chute tout le bâtiment; au reste, toutes ces décorations ne présentent que des contre-sens inadmissibles et hors de la régularité et de la solidité qu'on doit se proposer en architecture.

FIN.

Paris. — Imprimerie de Pillet fils aîné, 5, rue des Grands-Augustins.

OUVRAGES DE C. NORMAND

QUI SE TROUVENT A LA MÊME LIBRAIRIE.

Le Vignole des Ouvriers (*première partie*), ou *Méthode facile pour tracer les cinq Ordres d'Architecture*, donner les proportions convenables aux portes, croisées et arcades de différents genres, etc., à l'usage de tous les états qui ont rapport à l'art de bâtir. A la suite des ordres sont gravés plusieurs projets de maisons, plans, façades et coupes, depuis la plus simple jusqu'à celle du particulier le plus aisé ; 34 planches et un frontispice, format in-4, précédé d'un texte explicatif pour chaque planche.

Le Vignole des Ouvriers, *seconde partie*. Cet ouvrage contient un précis du relevé des terrains et de celui des plans de maisons, suivi de tous les détails relatifs à la construction des bâtiments, tels que la taille des pierres, la maçonnerie, la charpente, la menuiserie, la serrurerie, la marbrerie, le carrelage et le treillage. Le texte offre les moyens d'appliquer tous les détails en particulier, et quelques remarques sur chaque genre d'ouvrage ; 30 planches, format in-4.

Le Vignole des Ouvriers, *troisième partie*. Cette partie contient les Plans, les Elévations et les Coupes de vingt-quatre projets de Maisons d'habitations particulières et de Maisons à loyer, dont plusieurs avec leurs différents étages ; les détails, sur une grande échelle, pour les Entablements et simples Corniches, et quelques motifs de décorations intérieures par les Coupes. Ces projets sont composés, les uns sur des terrains réguliers, isolés, ou entre murs mitoyens ; d'autres sur des terrains irréguliers, parmi lesquels plusieurs sont situés entre deux rues, et présentent des galeries ou passages de communication de l'une à l'autre, et quelques-uns pour des maisons de commerce. On y a joint quelques intentions de façades, de cazins et de villa de Rome et de ses environs ; l'ouvrage est terminé par une idée des passages principaux de Paris, ainsi que de quelques décorations de boutiques ; 50 planches, format in-4, précédées d'un texte explicatif pour chaque planche.

Le Vignole des Ouvriers, *quatrième partie*. Cette partie est spécialement consacrée aux escaliers. Elle traite de leur construction en charpente et en menuiserie ; elle présente les plans, les élévations, les coupes de plus de trente escaliers différents de formes, tels que les escaliers carrés, oblongs, à bases triangulaires, circulaires simples de grandes et petites dimensions, circulaires à doubles rampes, en fer à cheval, ovales à rampes opposées, construits sur limons, sur crémaillère ou à l'anglaise, leurs différentes coupes et développements particuliers, leurs épures ou ételons, etc., précédés du texte et de détails pour les diverses sortes de constructions des emmarchements. 30 planches, format in-4.

Le Vignole des Architectes et des Elèves en architecture (*première partie*), ou *Nouvelle Traduction des règles des cinq Ordres d'Architecture de Jacques Barozzio de Vignole*, augmentée de remarques servant à développer plusieurs parties de détails trop succincts dans le texte original ; suivie d'une *Méthode abrégée du Tracé des ombres dans l'Architecture*. Ouvrage composé de 36 planches in-4 gravées au trait pour le Vignole, et de 6 planches ombrées pour le *Tracé des ombres dans l'Architecture*.

Le Vignole des Architectes et des Elèves en architecture, *seconde partie*. Contenant des détails relatifs à l'ornement des cinq Ordres d'Architecture ; la manière de relever les caissons carrés, octogones, losanges et hexagones, pour les voûtes en berceaux, pour celles circulaires en forme de Dômes ou Coupoles, et pour les voûtes d'arêtes ; des détails de divers genres de caissons, d'après l'antique, des arcs doubleaux, frises, bandeaux, ornements de moulures et plusieurs modèles de plafonds ; suivis de proportions relatives pour les galeries, les rotondes, etc. ; de divers ensembles de plans, d'élévations et de coupes pour en montrer l'application, et terminée par quelques projets d'édifices pour en indiquer la réunion. Un volume in-4, composé de 36 planches gravées au trait et précédées d'un texte explicatif.

Vignole ombré, ou *Etudes d'ombres appliquées aux cinq Ordres d'architecture*. 15 planches sur acier. Format in-folio, avec texte, par Normand et A. E. Reboult, professeur à l'Ecole impériale gratuite de mathématique et de dessin

Nouveau Parallèle des Ordres d'Architecture *des Grecs, des Romains et des auteurs modernes ;* 63 planches et deux frontispices, précédés d'un texte explicatif pour chaque planche, format in-folio.

Recueil varié de Plans et de Façades, *motifs pour des Maisons de ville et de campagne, des Monuments et des Etablissements publics et particuliers*. Ces plans sont au nombre de 133, format in-folio, 65 planches, y compris 10 frontispices composés d'ornements et précédés d'un texte explicatif pour chaque plan.

Le Guide de l'Ornemaniste, ou *De l'Ornement pour la décoration des Bâtiments*, tels que frises, arabesques, panneaux, rosaces, candélabres, vases, etc. ; gravé au trait et précédé d'un texte ; 36 planches, format in-folio.

Parallèle de diverses méthodes du dessin de la perspective, *d'après les auteurs anciens et modernes*. Ce parallèle élémentaire et pratique est divisé en douze parties. Chacune des parties est enseignée par une méthode différente, où leur rapprochement est démontré.

L'ouvrage se compose de 100 planches, précédées d'un frontispice servant d'introduction, et d'une autre planche où sont figurés les différents termes employés dans la perspective. En tout 102 planches, formant 2 vol. in-4, l'un pour les figures, et l'autre pour le texte. Prix : 30 fr. pour Paris.

Choix de décorations intérieures et extérieures *des édifices publics et particuliers de la capitale*, tels que : portes, grilles, boutiques, cafés, théâtres, façades de maisons, fontaines, statues, plafonds, arabesques, vitraux, horloges, buffets d'orgues, chaires à prêcher, maître-autel, bénitiers, cheminées, candélabres, vases, etc. 1 volume de 80 planches, format in-folio. Dessins et gravures par Normand.

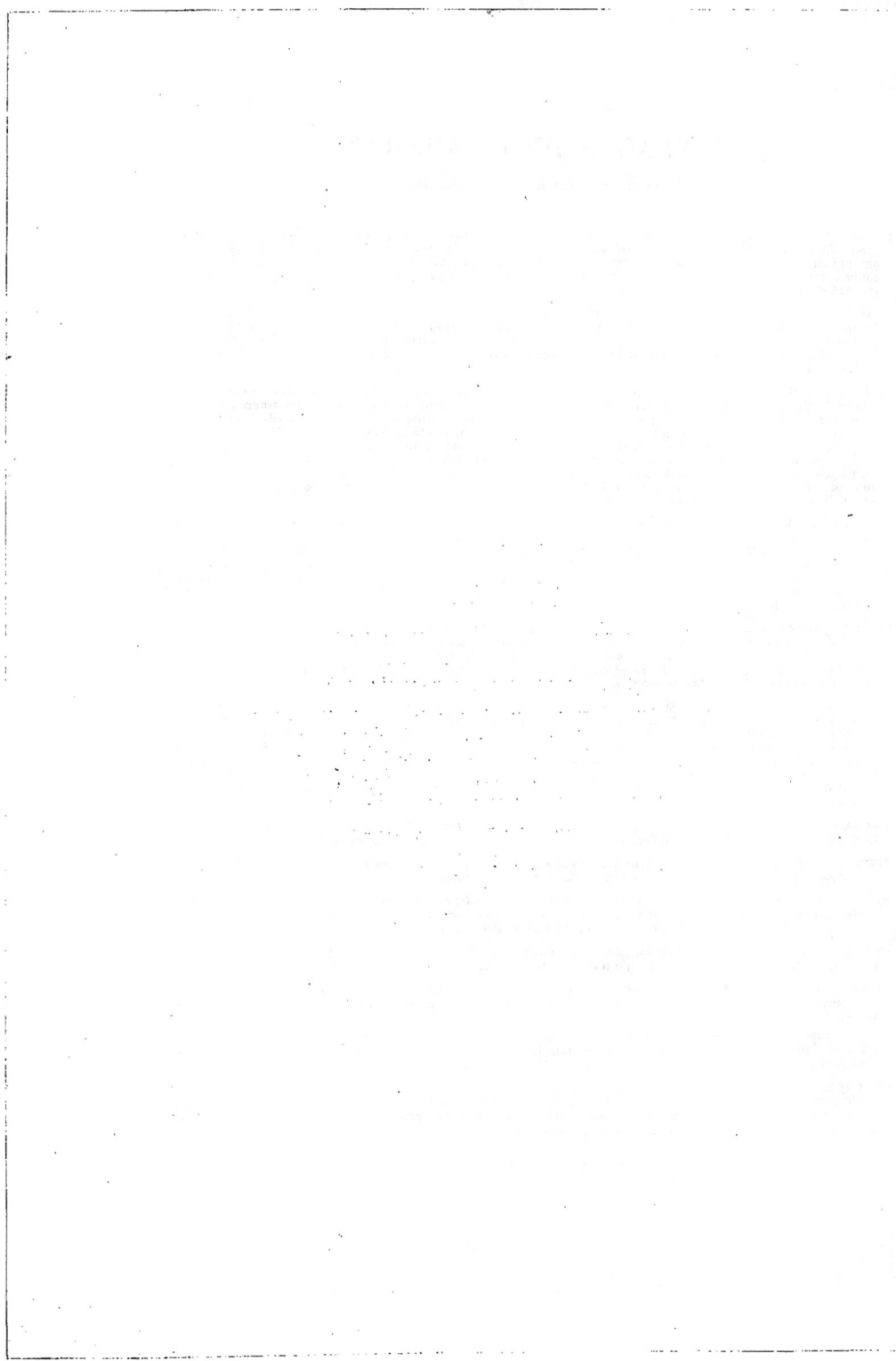

LE VIGNOLE DES OUVRIERS
TROISIÈME PARTIE

DE L'ART
DU BATIMENT.

CONCERNANT
LA DISTRIBUTION ET LA DÉCORATION
DES BATIMENTS.

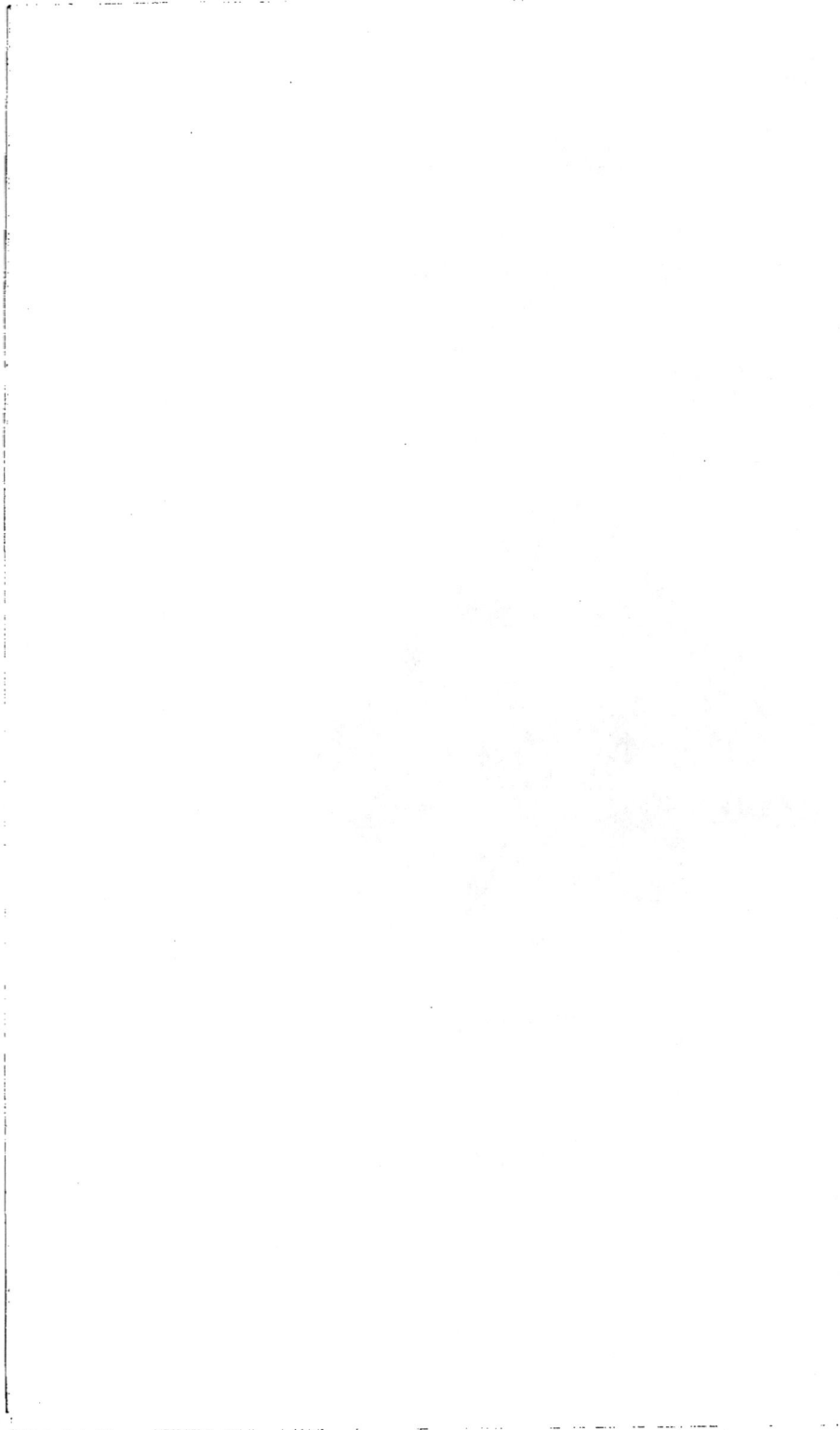

MAISON PARTICULIERE
ou à location.

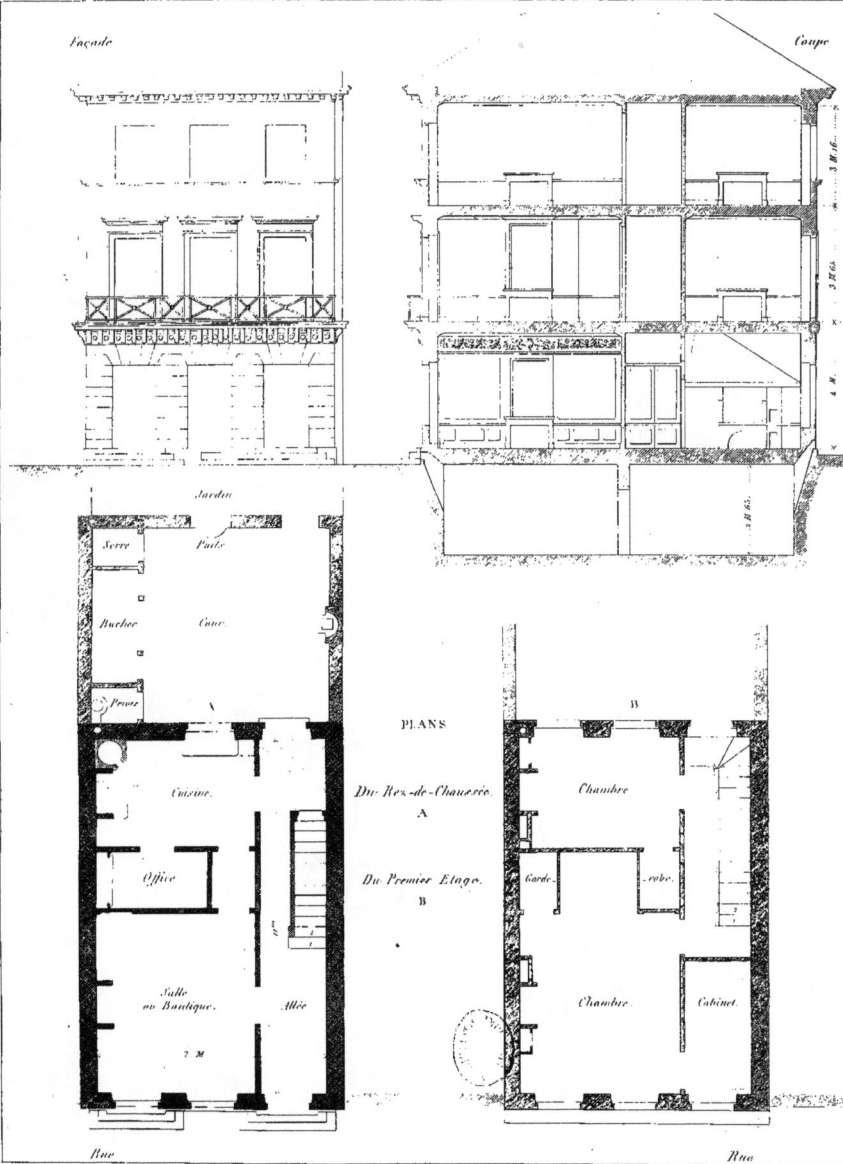

Façade

Coupe

Jardin

Serre   Puits

Bucher   Cour.

Prires

Cuisine.

Office

Salle
ou Boutique.   Allée

7 M

PLANS

Du Rez-de-Chaussée.

A

Du Premier Etage.

B

B

Chambre

Garde-   robe.

Chambre.   Cabinet.

Rue   Rue

10 Metres

MAISON PARTICULIÈRE
et à location.

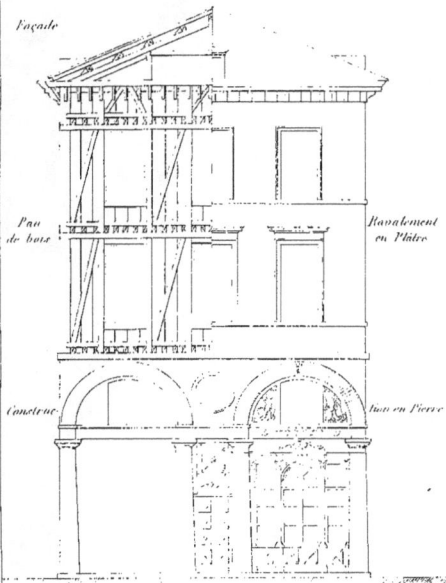

Façade

Pan
de bois

Ravalement
en Plâtre

Construc

tion en Pierre

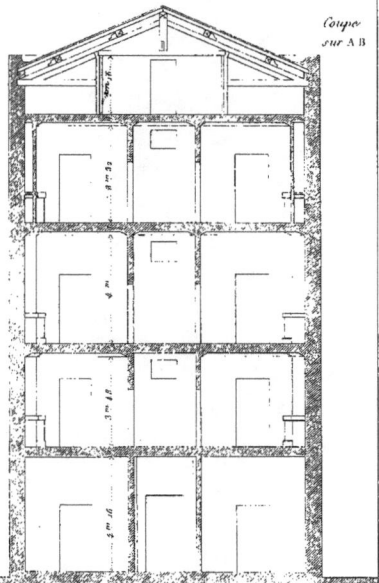

Coupe
sur AB

du Rez-de-Chaussée

PLANS

du Premier Étage

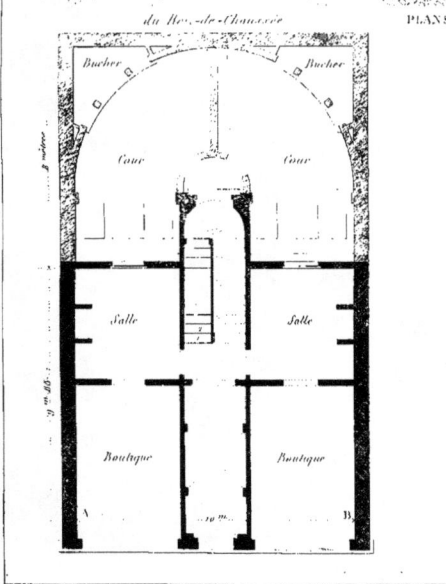

Bucher

Bucher

Cour

Cour

Salle

Salle

Boutique

Boutique

A

B

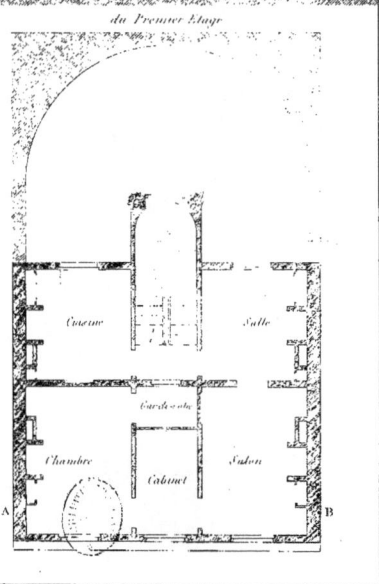

Cuisine

Salle

Garde-robe

Chambre

Cabinet

Salon

A

B

14 Mètres

MAISON D'HABITATION
Pour un ou deux locataires.

Façade   Coupe

PLANS

Jardin   du Rez-de-   Chaussée.   du Premier Étage.

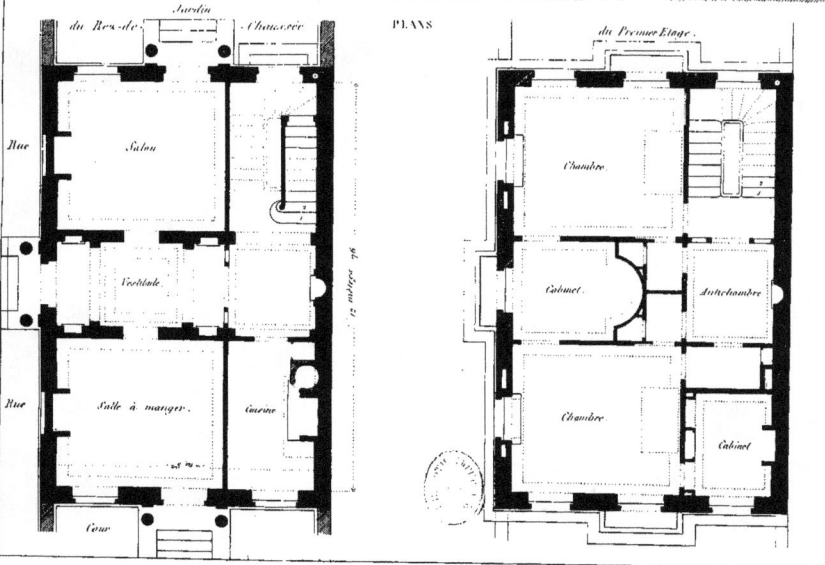

10 Mètres.

MAISON
de Ville ou de Campagne.

Façade.

PLANS

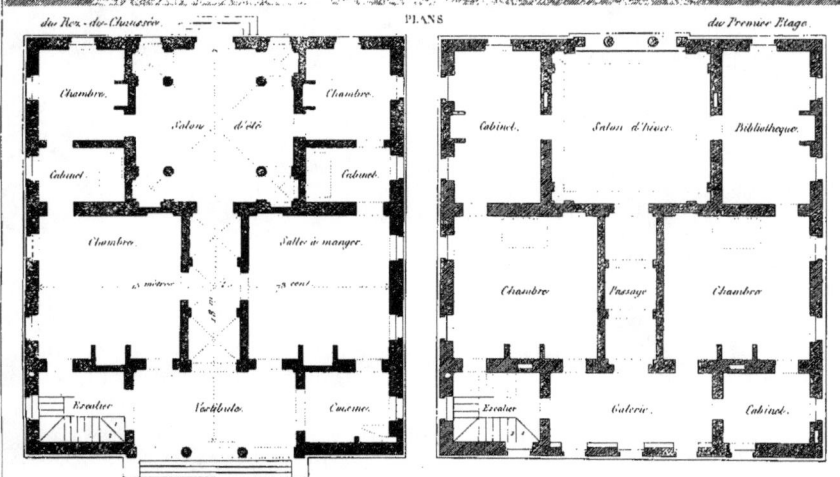

du Rez-de-Chaussée.

du Premier Étage.

Coupe.

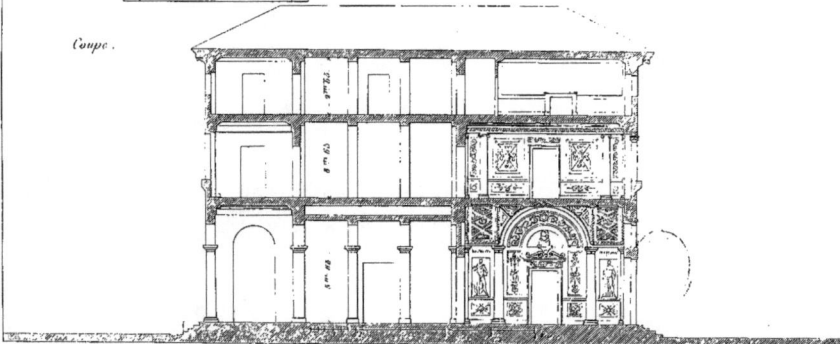

10 Mètres

MAISON
disposée pour être mise en location.

PLANS

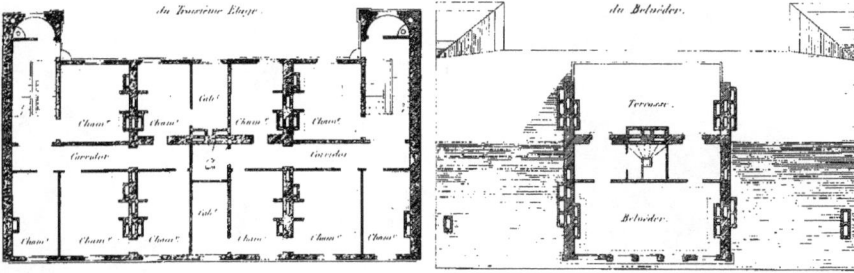

du Troisième Étage.

du Belvéder.

PLANS

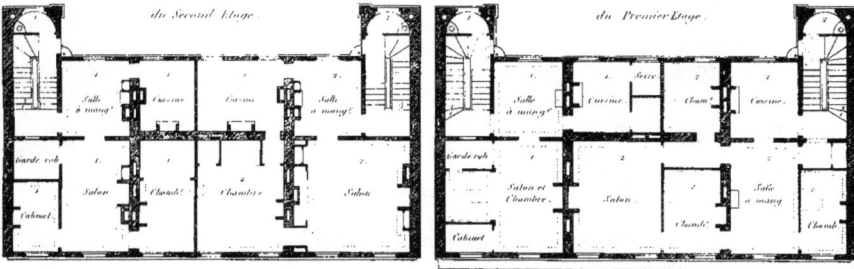

du Second Étage.

du Premier Étage.

PLANS

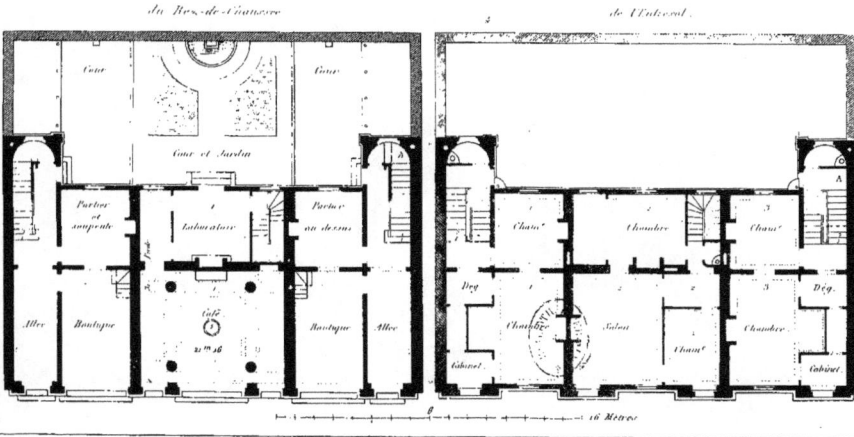

du Rez-de-Chaussée.

de l'Entresol.

FAÇADE
et détails de la cinquième maison.

Basatement
ou plâtre

Pan de bois.

Construction

en pierre

Corniche
de Couronnement

A Faitons   C Sablière
B Sablière de chambrée
D Poteau

Plinthe d'appui du 2.me

Appui du 1.er

A
C

D

Chapiteau
Corniche Archivolte
et base de l'ordre
du Rez-de-Chaussée

Croisée
du
1.er Etage

Plinthe
des
croisées

Corniche
du Belvedere

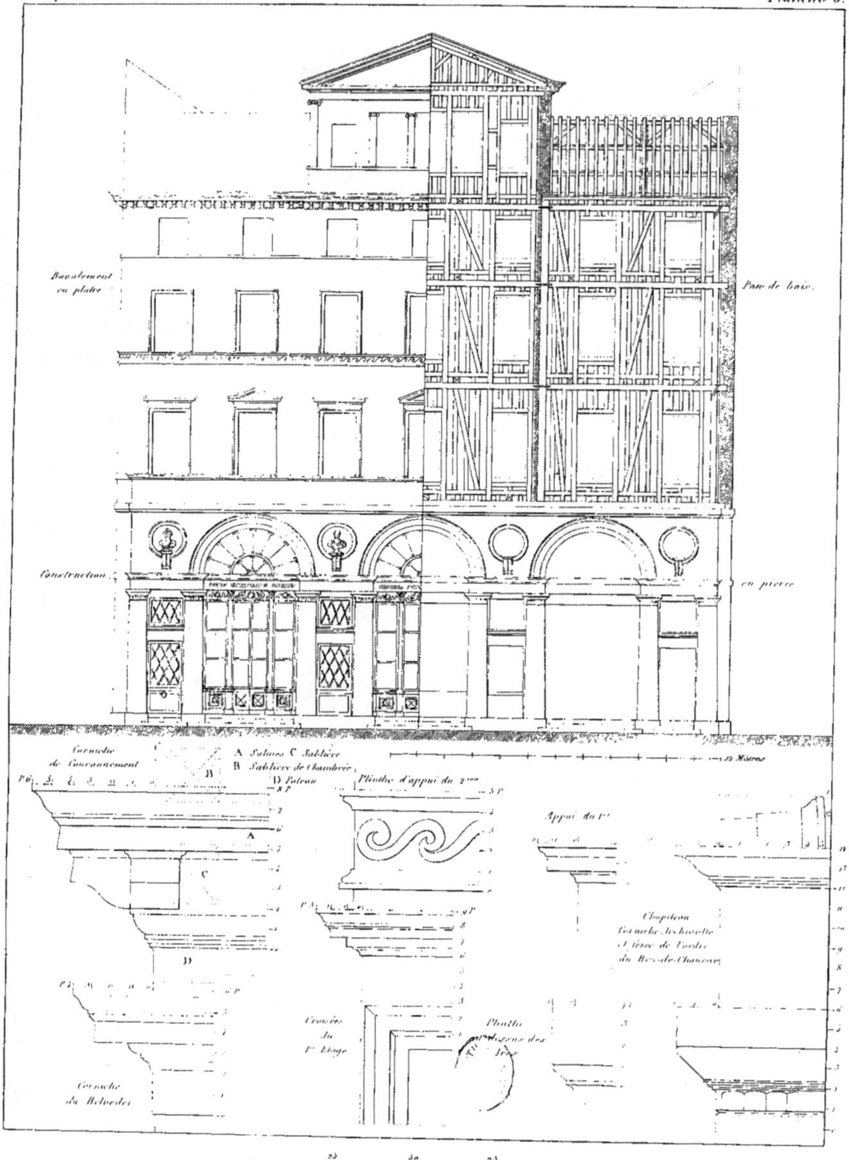

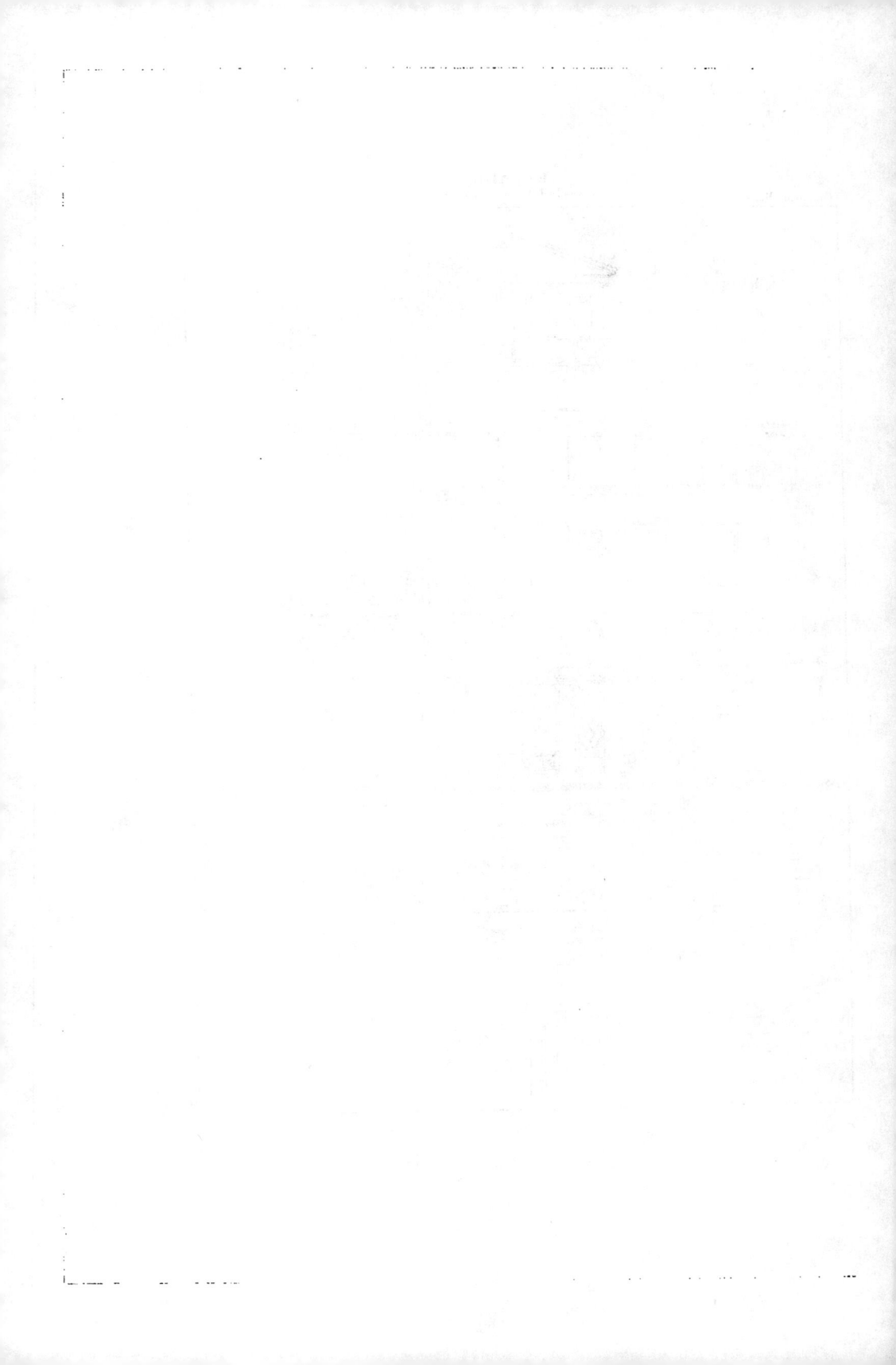

Coupe de l'Escalier A
prise en regard du
mur mitoyen.

14 Mètres

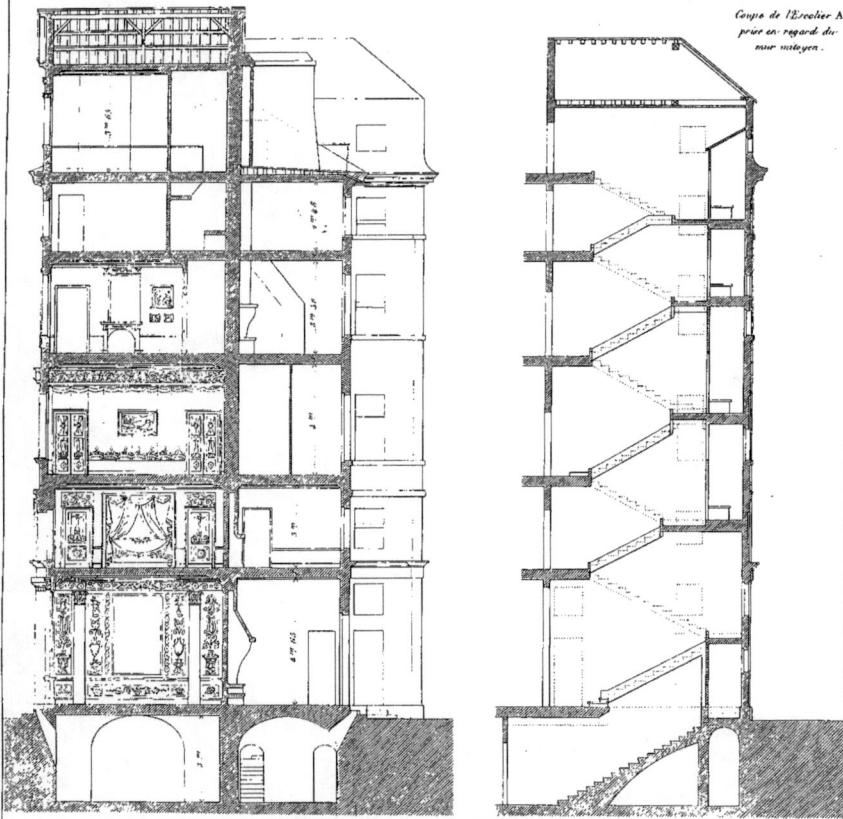

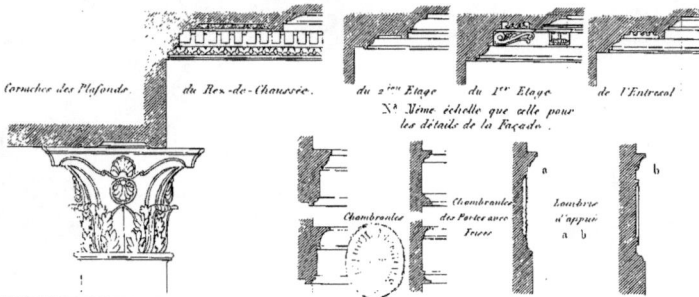

Corniches des Plafonds.   du Rez-de-Chaussée.   du 2.me Etage   du 1.er Etage   de l'Entresol.
N.ª Même échelle que celle pour
les détails de la Façade.

Chambranles
des Portes avec
Feuere

Chambranles.

Lambris
d'appui
a b

MAISON

disposée pour deux locataires et trois Marchands.

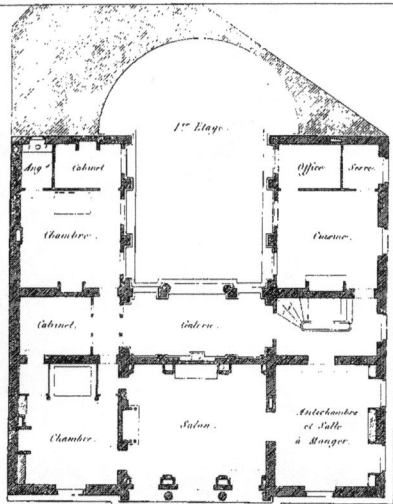

1.er Étage.

Ang.t — Cabinet — Office — Serre.

Chambre. — Cuisine.

Cabinet. — Galerie.

Chambre. — Salon. — Antechambre et Salle à Manger.

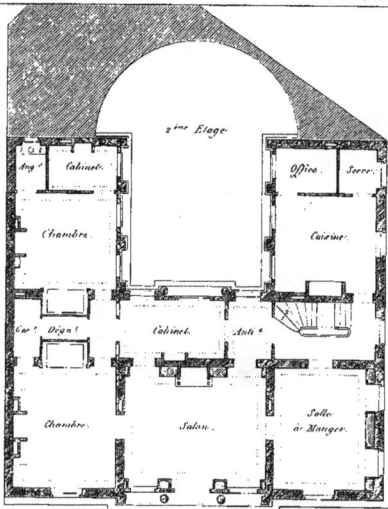

2.me Étage.

Ang.t — Cabinet. — Office — Serre.

Chambre. — Cuisine.

Car.t — Déjr.t — Cabinet. — Anti.e

Chambre. — Salon. — Salle à Manger.

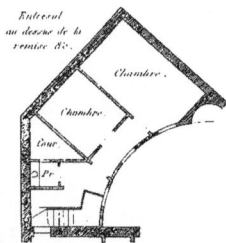

Entresol au dessus de la remise &c.

Chambre.

Chambre.

Cour.

Pr.

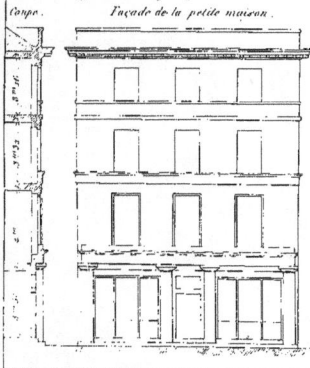

Façade de la petite maison.

Coupe.

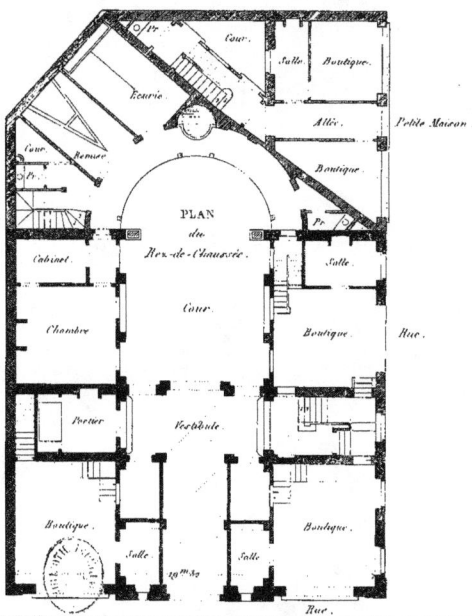

Cour. — Salle — Boutique

Écurie

Allée — Petite Maison.

Cour. — Remise — Boutique

Pr. — Pr.

PLAN du Rez-de-Chaussée.

Cabinet — Salle

Chambre. — Cour. — Boutique — Rue.

Portier — Vestibule

Boutique — Boutique

Boutique. — Salle — Salle

Rue.

16 Mètres.

FAÇADE COUPE
et détails de la sixième maison.

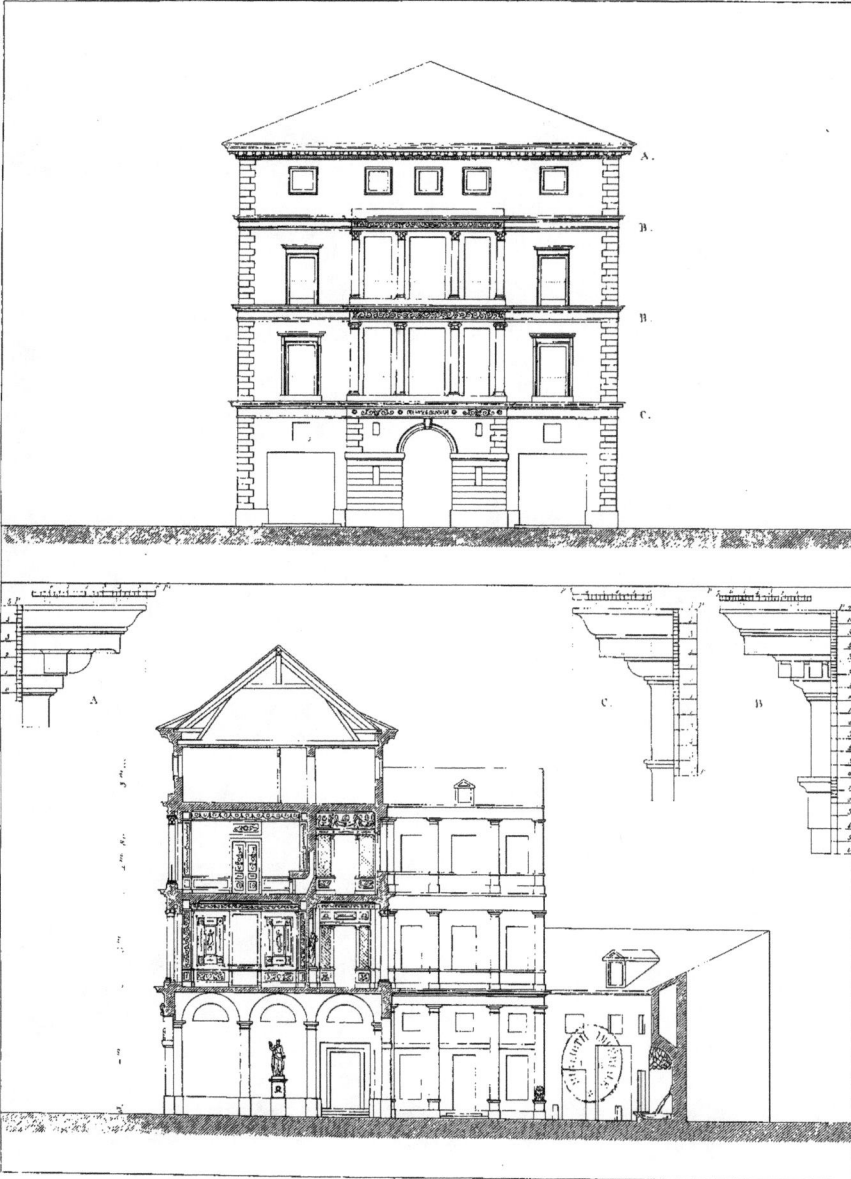

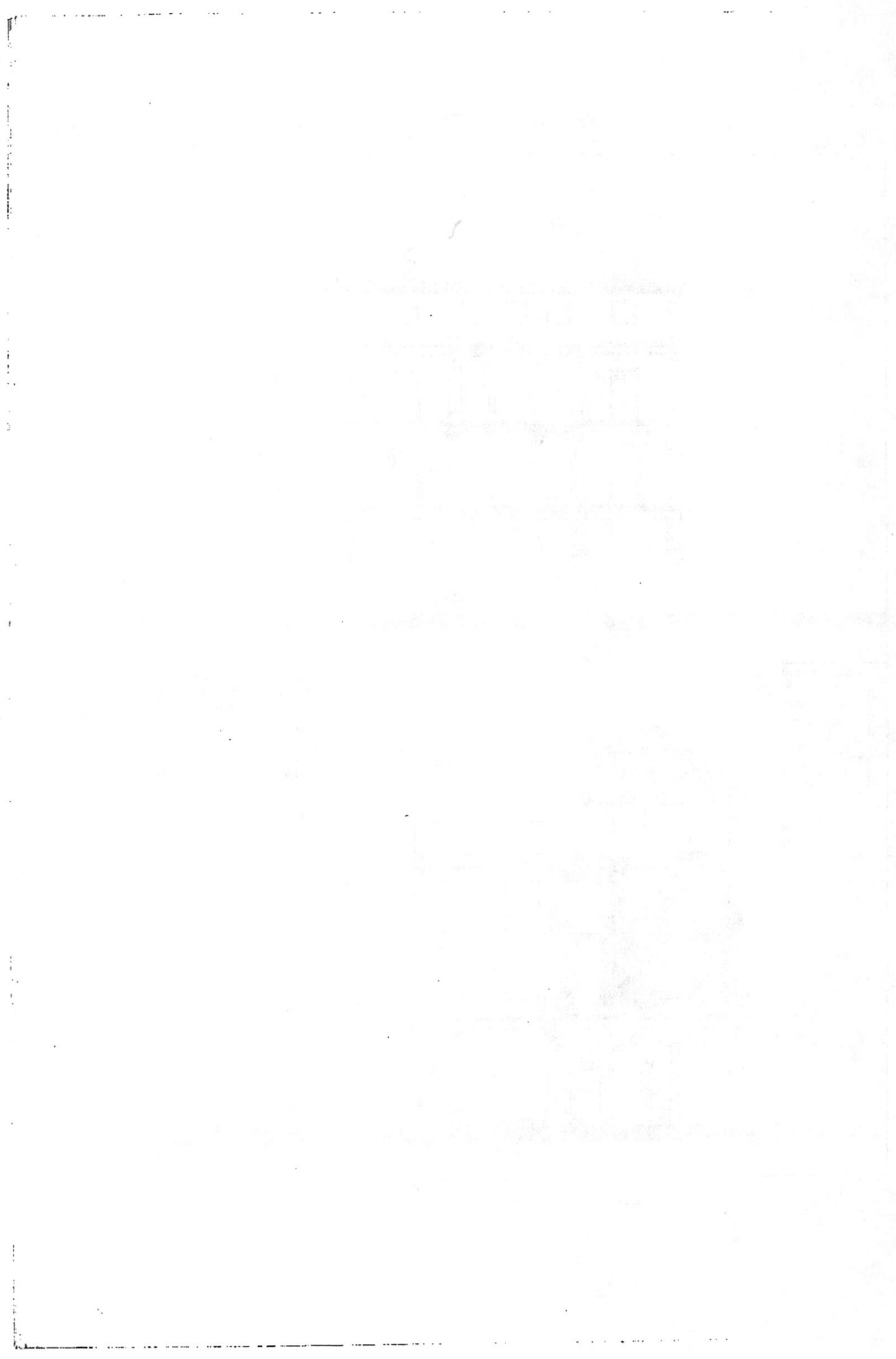

MAISON
disposée pour être mise à location.

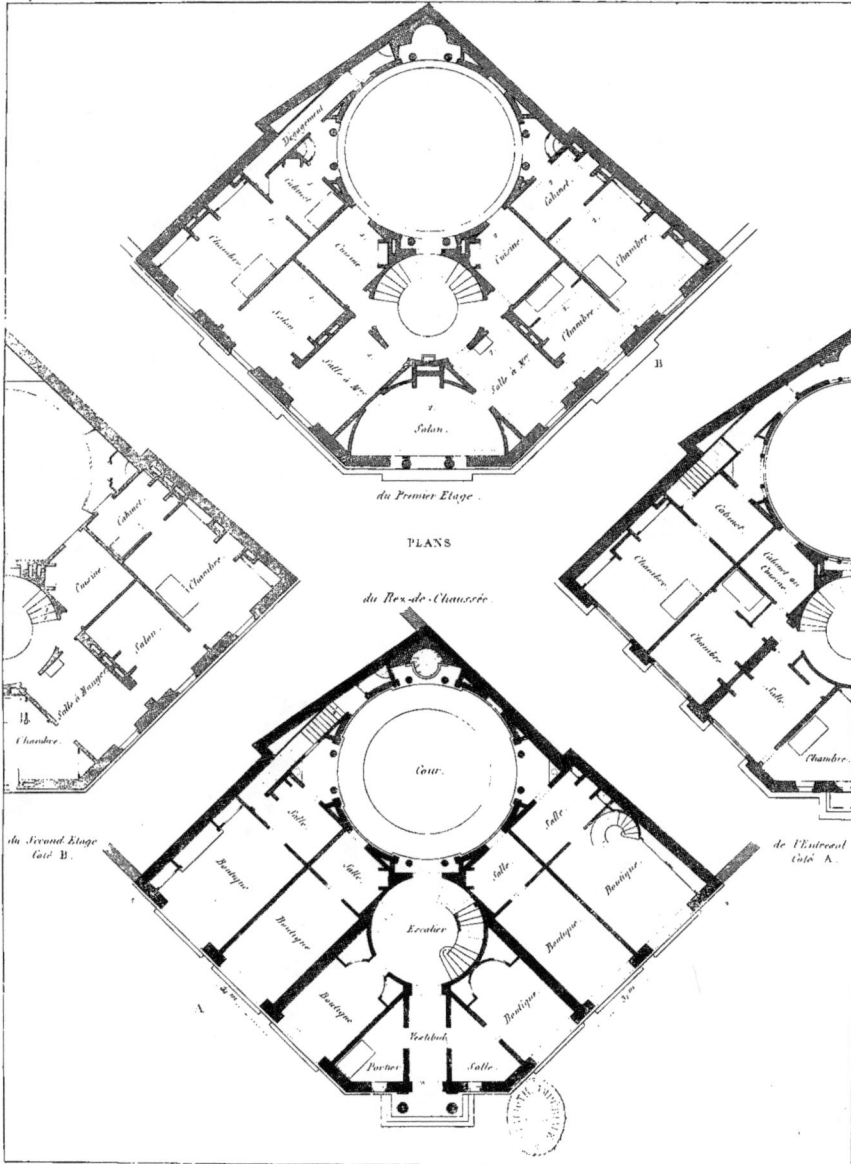

du Premier Étage.

PLANS

du Rez-de-Chaussée.

du Second Étage
Côté B.

de l'Entresol
Côté A.

Cour.

Escalier.

16 Mètres.

MAISON
disposée pour plusieurs locataires.

PLANS

du Troisième et du Quatrième Etages.

du Premier et du Second Etages.

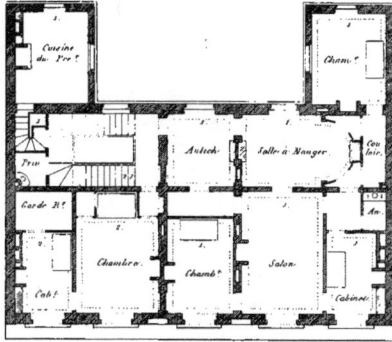

du Rez-de-Chaussée.

PLANS

de l'Entresol.

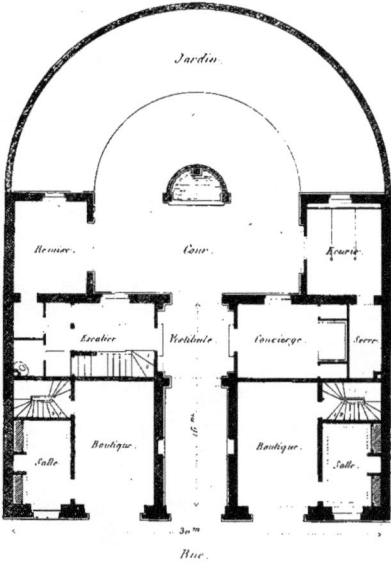
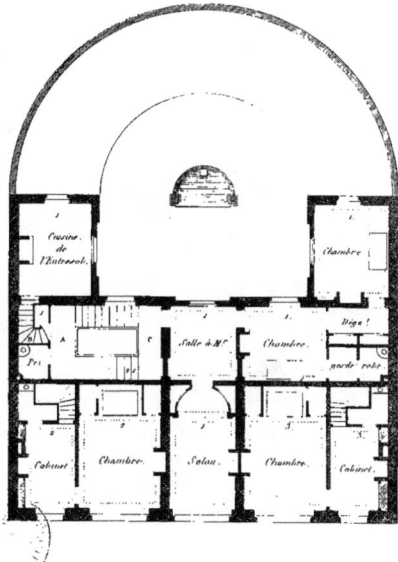

16 Mètres

FAÇADE
et détails de la huitième Maison.

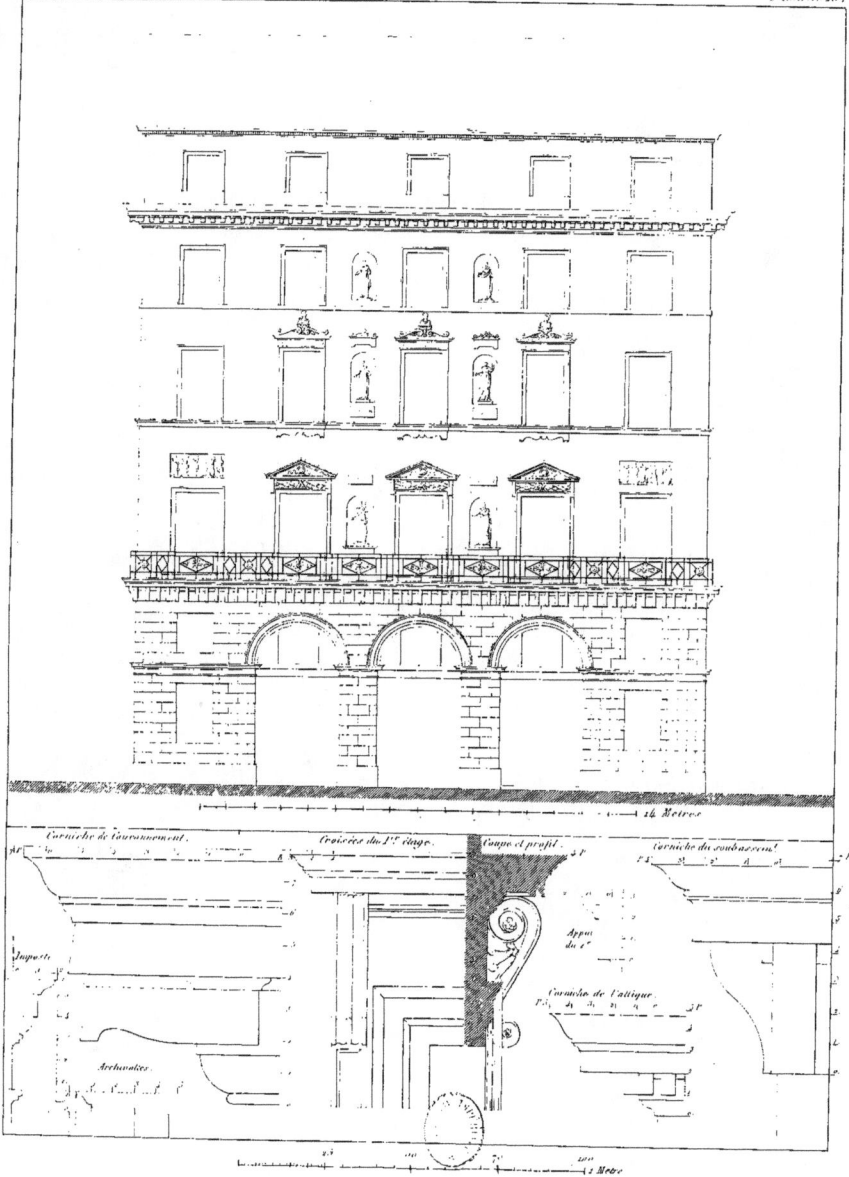

14 Mètres

Corniche de l'awrouuement.   Croisées du 1.er étage.   Coupe et profil.   Corniche du soubassement.

Imposte.

Appui du e.r

Corniche de l'attique.

Archivoltes.

1 Mètre

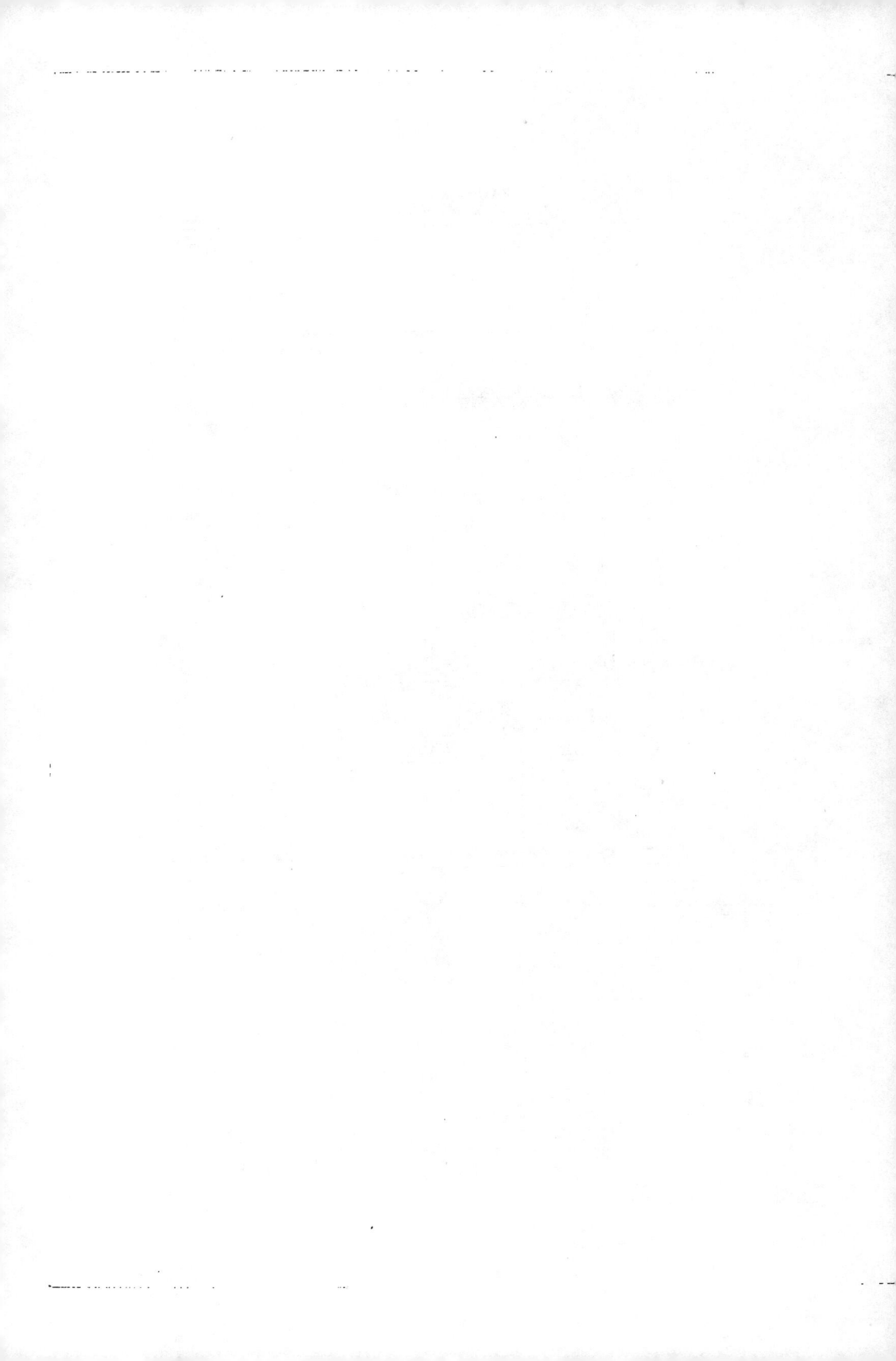

COUPE

et détails de la huitième maison.

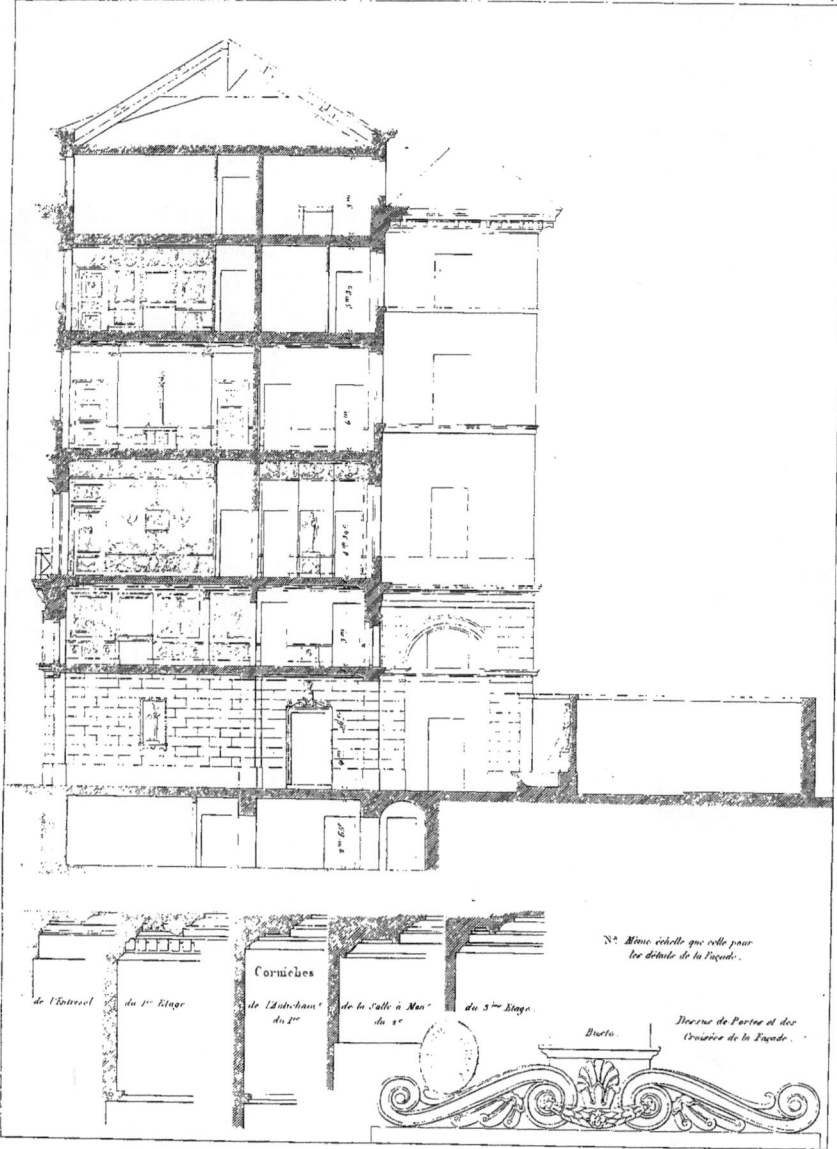

N.ª Même échelle que celle pour
les détails de la Façade.

Corniches

de l'Entresol | du 1.er Étage | de l'Antichambre du 1.er | de la Salle à Man.r du 2.e | du 3.me Étage.

Buste.

Dessus de Portes et des
Croisées de la Façade.

B

16 Mètres

MAISON
de commerce donnant sur deux rues.

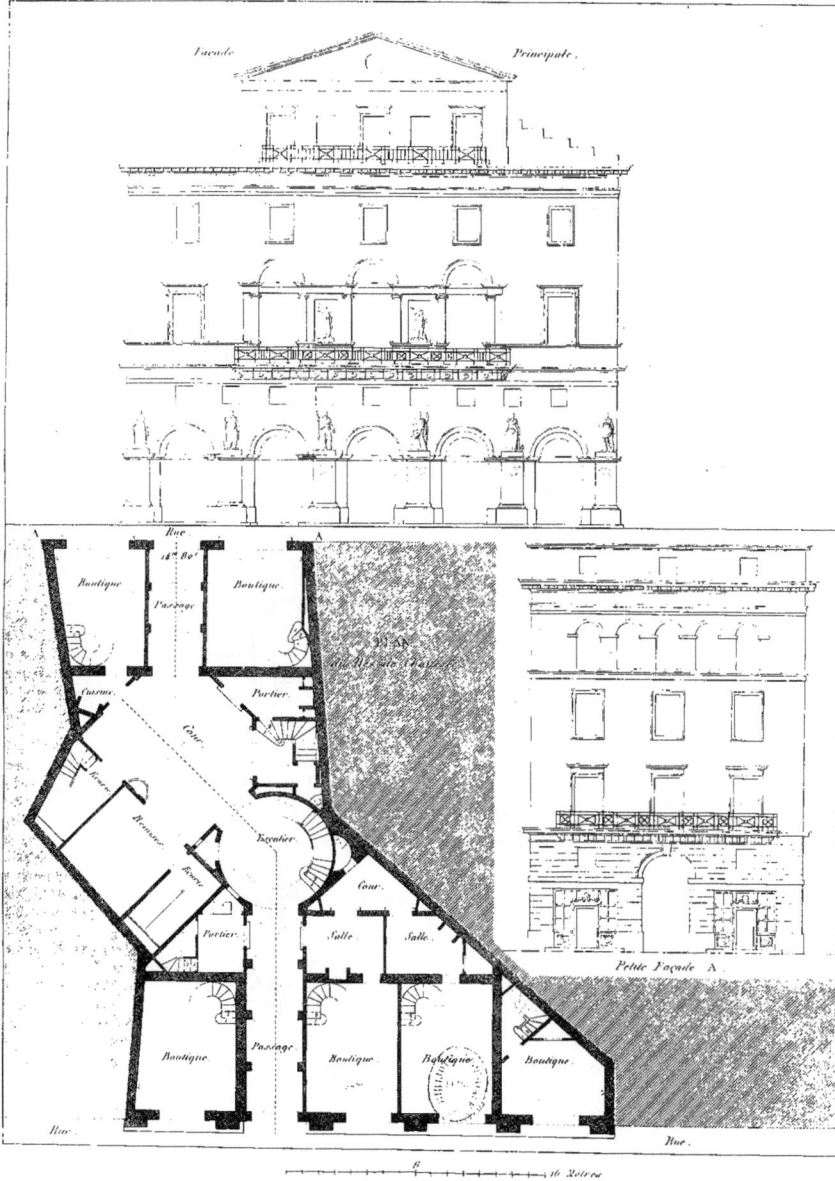

Façade Principale.

Plan du Rez de Chaussée.

Petite Façade A.

Rue.

16 Mètres.

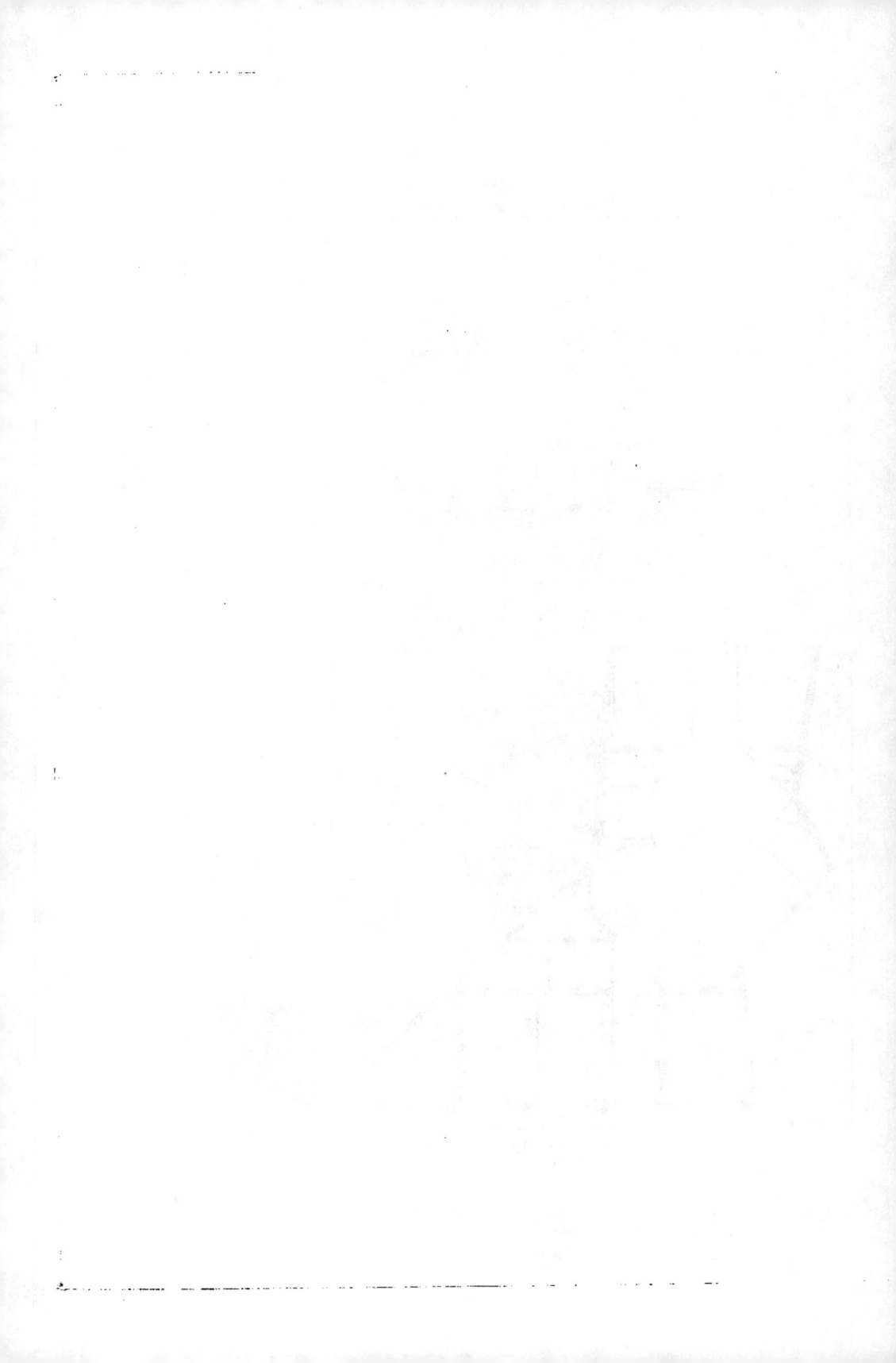

COUPE ET PLANS

du premier et du second étage de la 9ème maison.

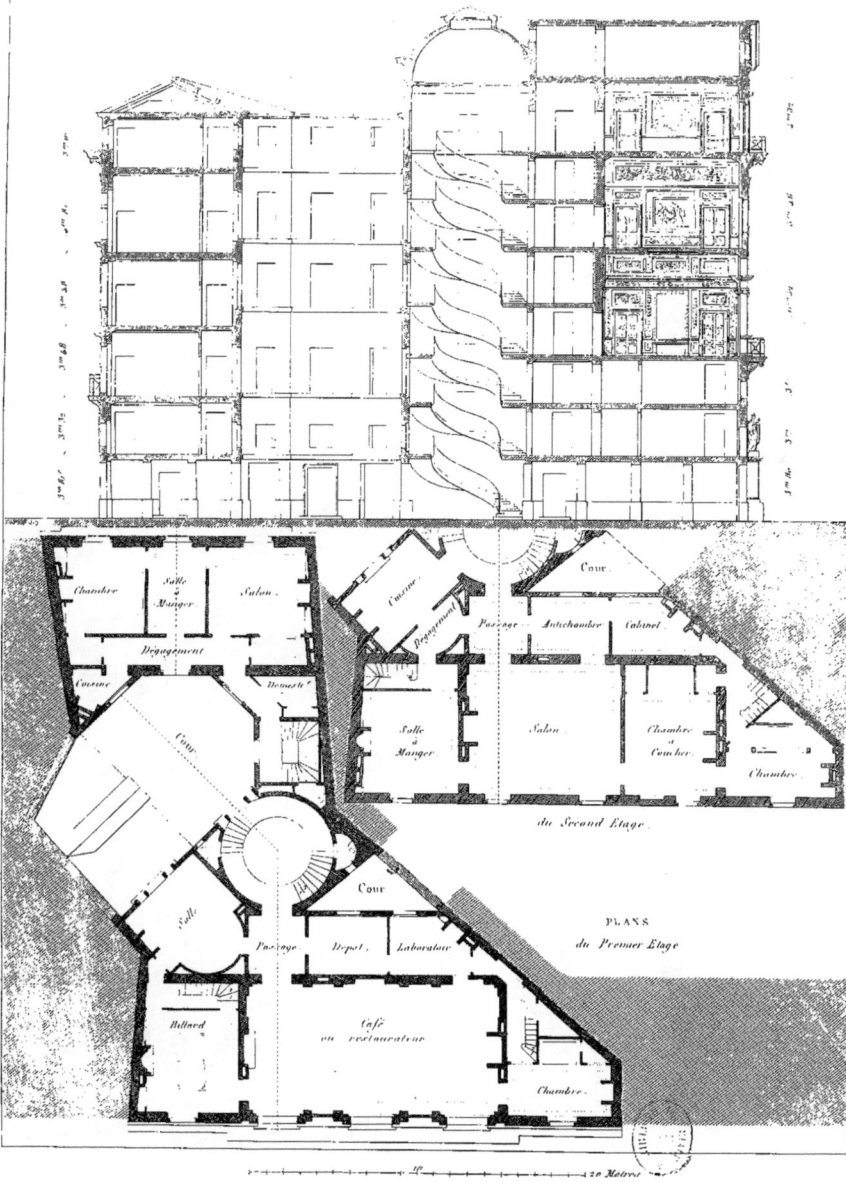

Chambre
Salle à Manger
Salon
Dégagement
Cuisine
Domest.
Cour
Cuisine
Dégagement
Passage
Antichambre
Cabinet
Cour
Salle à Manger
Salon
Chambre à Coucher
Chambre
du Second Etage

Cour
Salle
Cour
Passage
Depôt
Laboratoire
PLANS
du Premier Etage
Billard
Café ou restaurateur
Chambre

20 Mètres

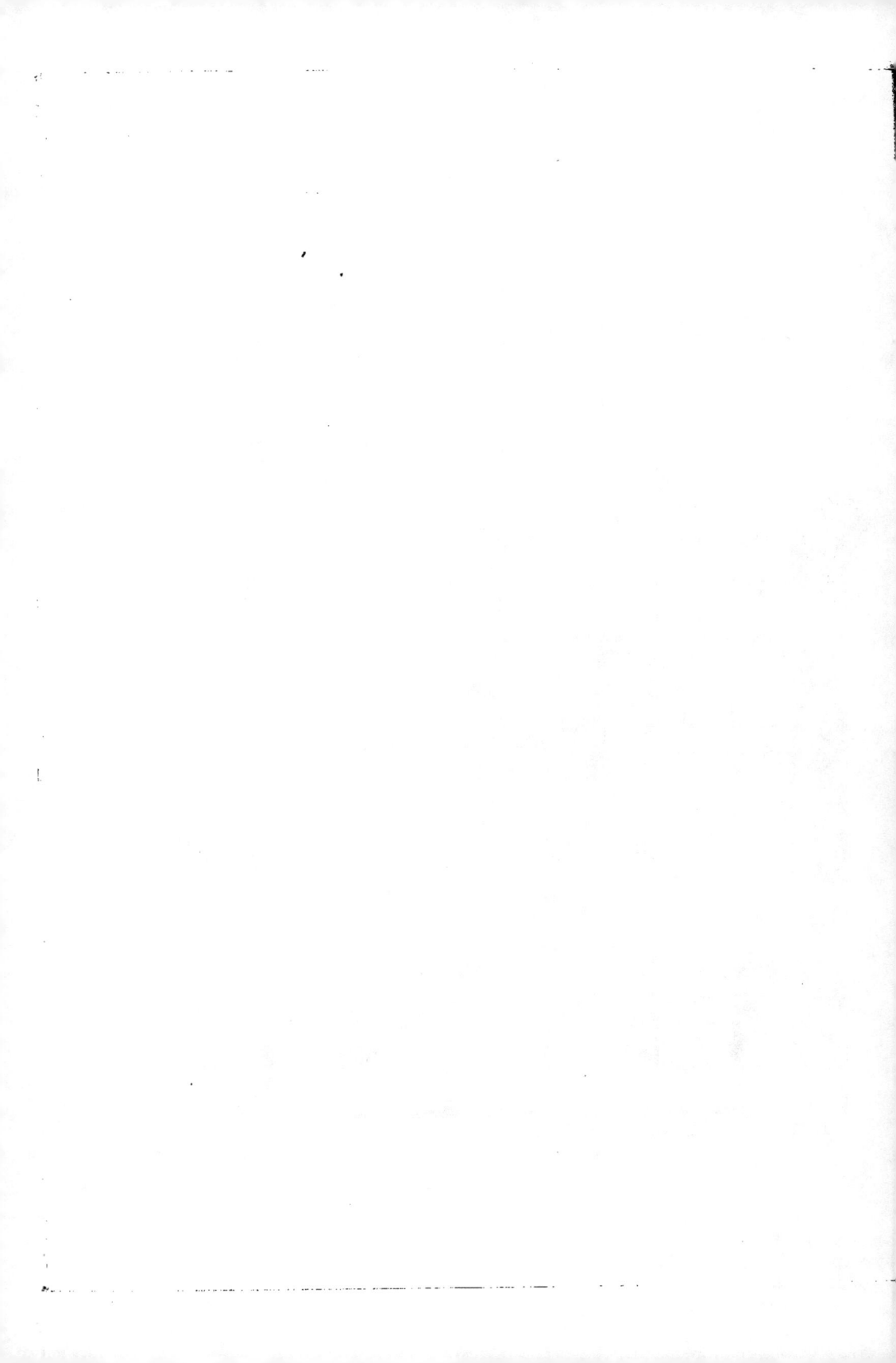

MAISON

formant l'angle de deux rues, disposée pour être mise en location.

PLANS

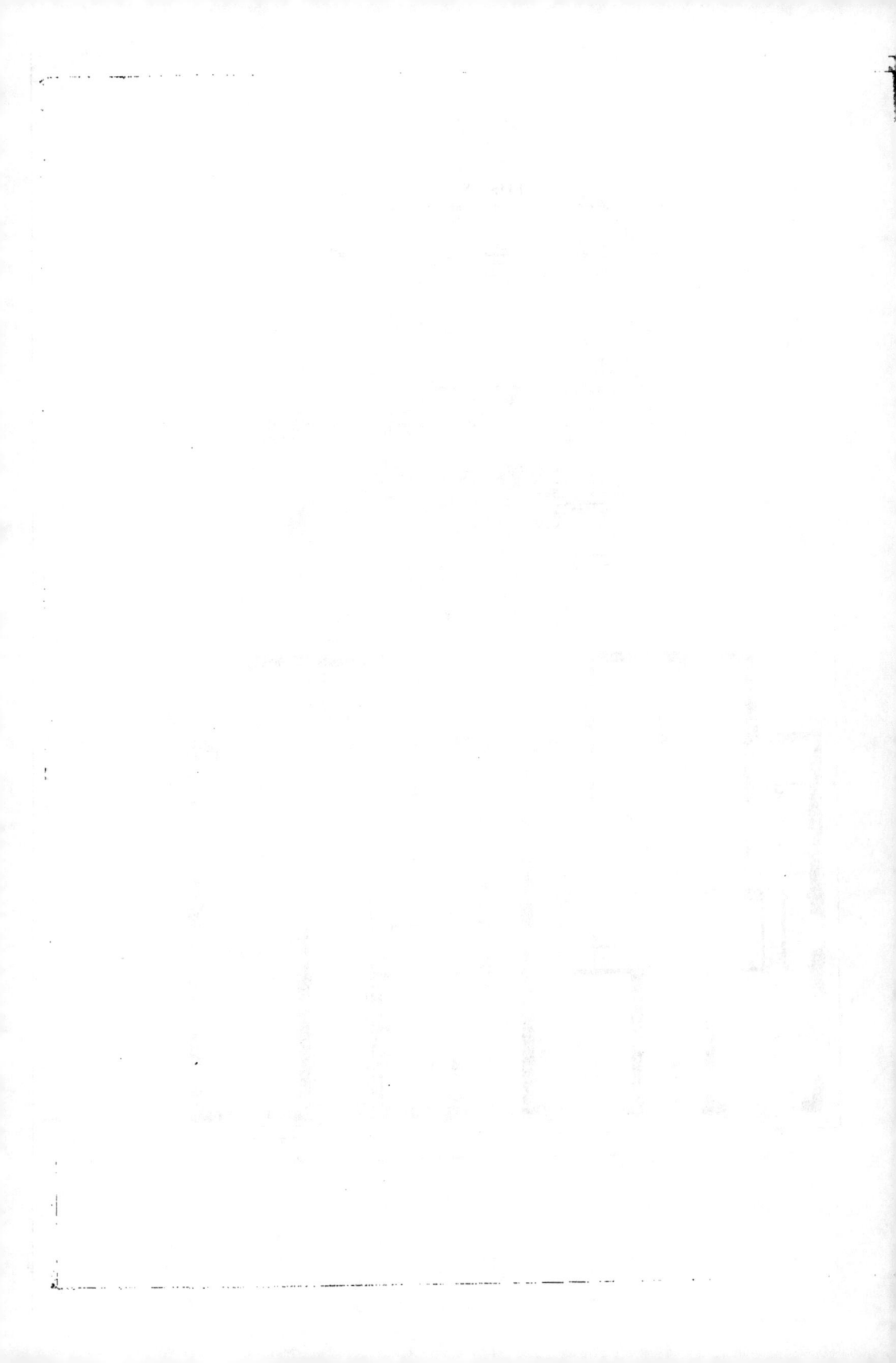

COUPE

et plans du 1er. et du 2ème. étages de la Nème. maison.

PLANS

du 1er. Etage.   du 2ème. Etage.
A   B

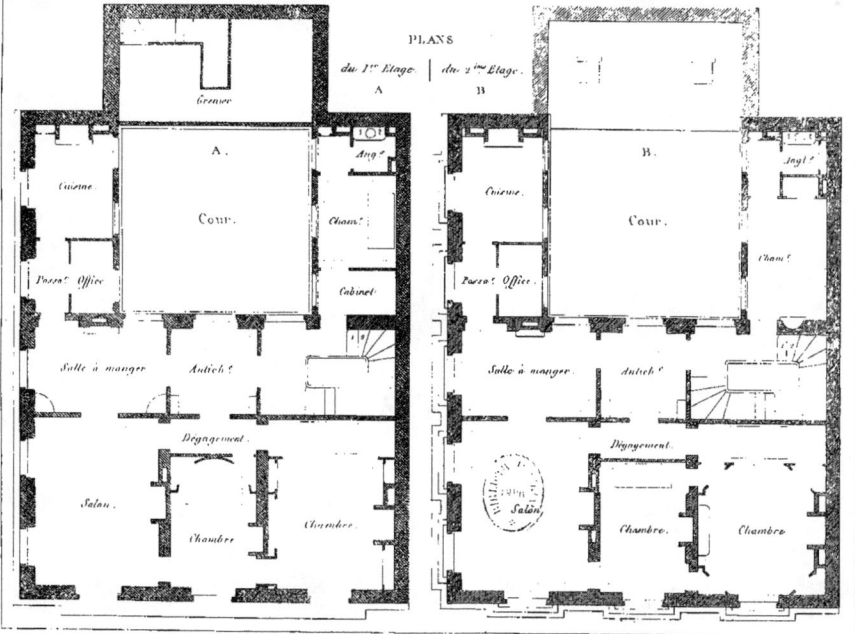

16 Mètres

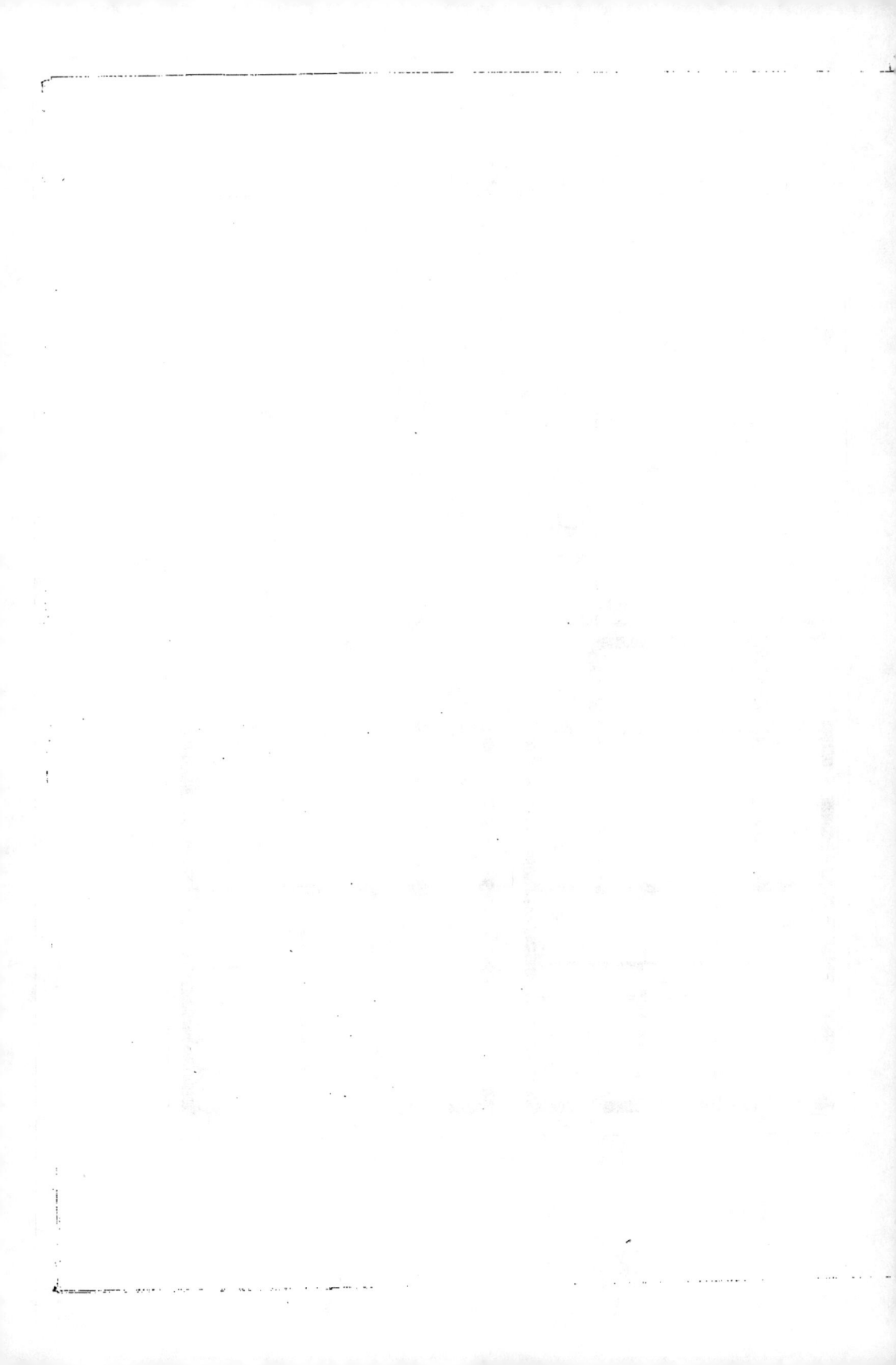

PASSAGES OU GALERIES
destinées au commerce.

Façade Principale A.

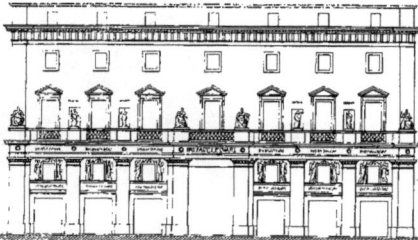

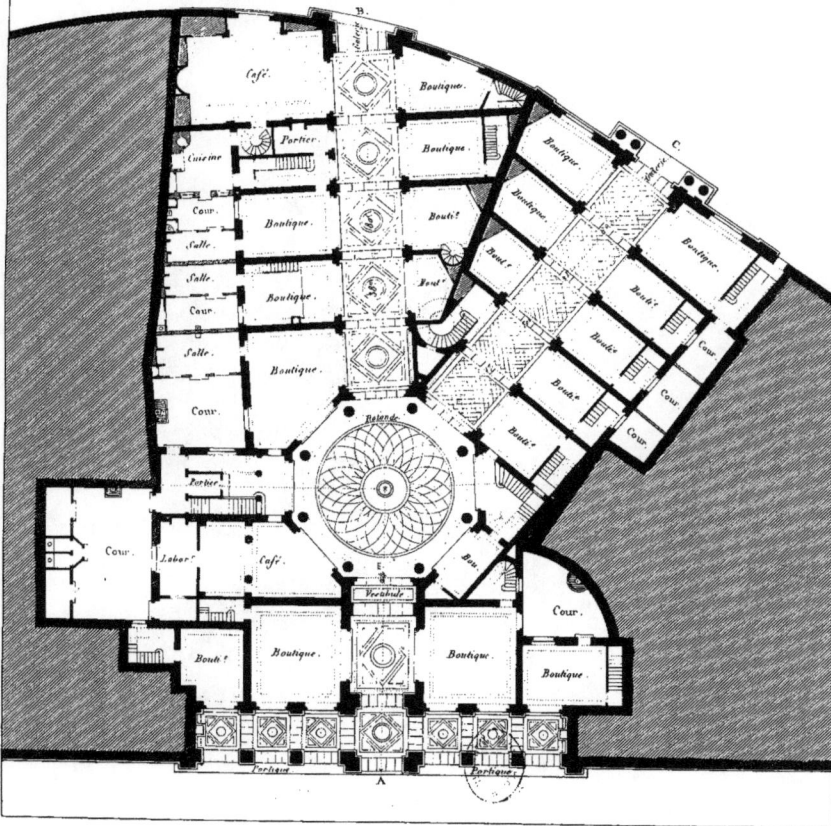

Café.

Boutique.

Portier.

Boutique.

Cuisine

Boutique.

Cour.

Boutique.

Bouti.ᵉ

Salle

Bouti.ᵉ

Boutique.

Salle

Boutique.

Cour.

Bout.ᵉ

Boutique.

Salle

Bout.ᵉ

Boutique.

Cour.

Boutique.

Bout.ᵉ

Bout.ᵉ

Cour.

Bout.ᵉ

Cour.

Bout.ᵉ

Rotonde

Portier

Labor.ᵉ

Cour.

Café.

Bur.

Vestibule

Cour.

Bouti.ᵉ

Boutique.

Boutique.

Boutique.

Portique.

Portique.

A

14 Mètres

COUPE ET PLAN
du 1er étage au dessus des passages.

Coupe sur la ligne AB.

Coupe
sur la largeur
des galeries

Cham.

Salon

Salle

Cuisine

Cour.

Cour.

Cour.

Cour.

Cour.

Cab.

Chambre

Cab.

Salle

Cab.

Salle

Dégag.

Principal

Chamb.

Chamb.

Chamb.

Salon

Salle

Antich.

Cuisine

Petit

Antich.

Salon

Salle

Classe

Cour.

Cab.

Cour.

Cour.

Cab.

Pet. Dégag.

Antich.

Cuisine

Antich.

Cham.

Chambre

Cham.

Salon

Cour.

Cham.

Terrasse

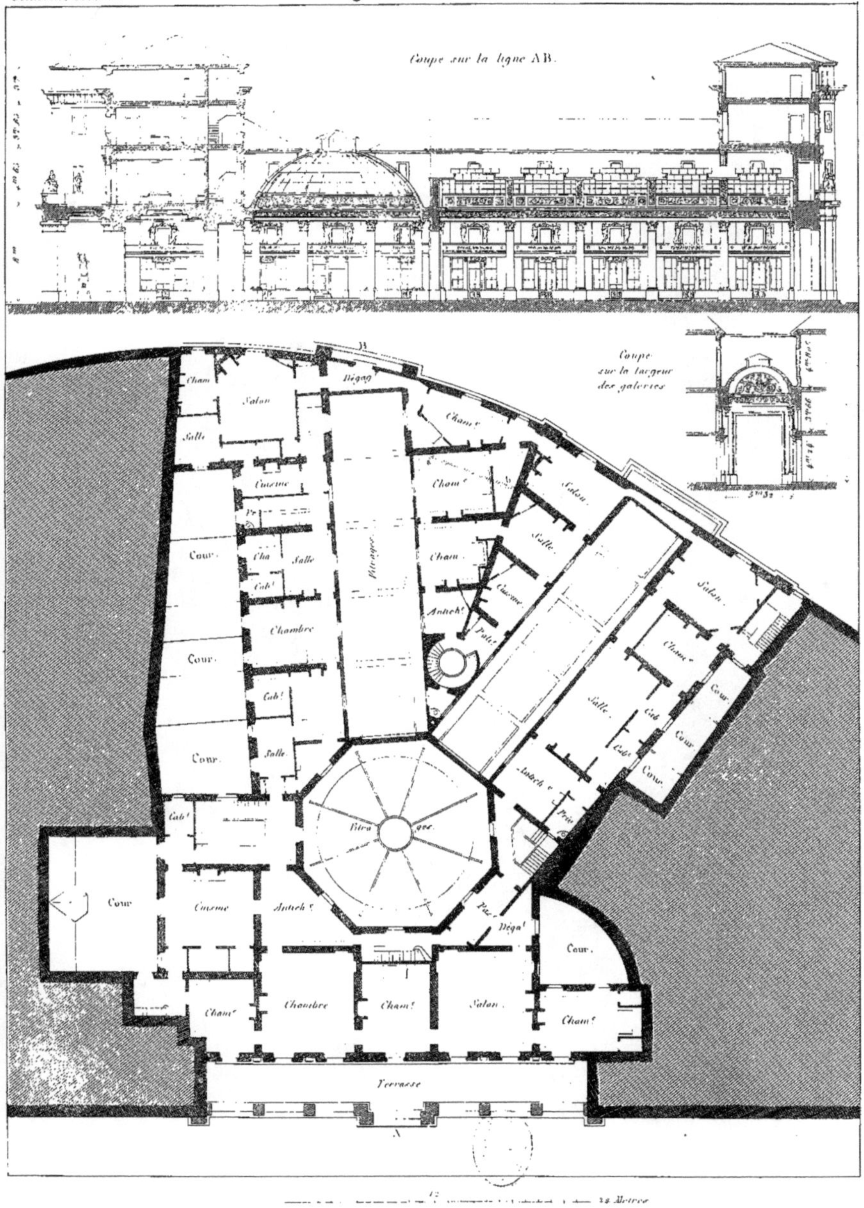

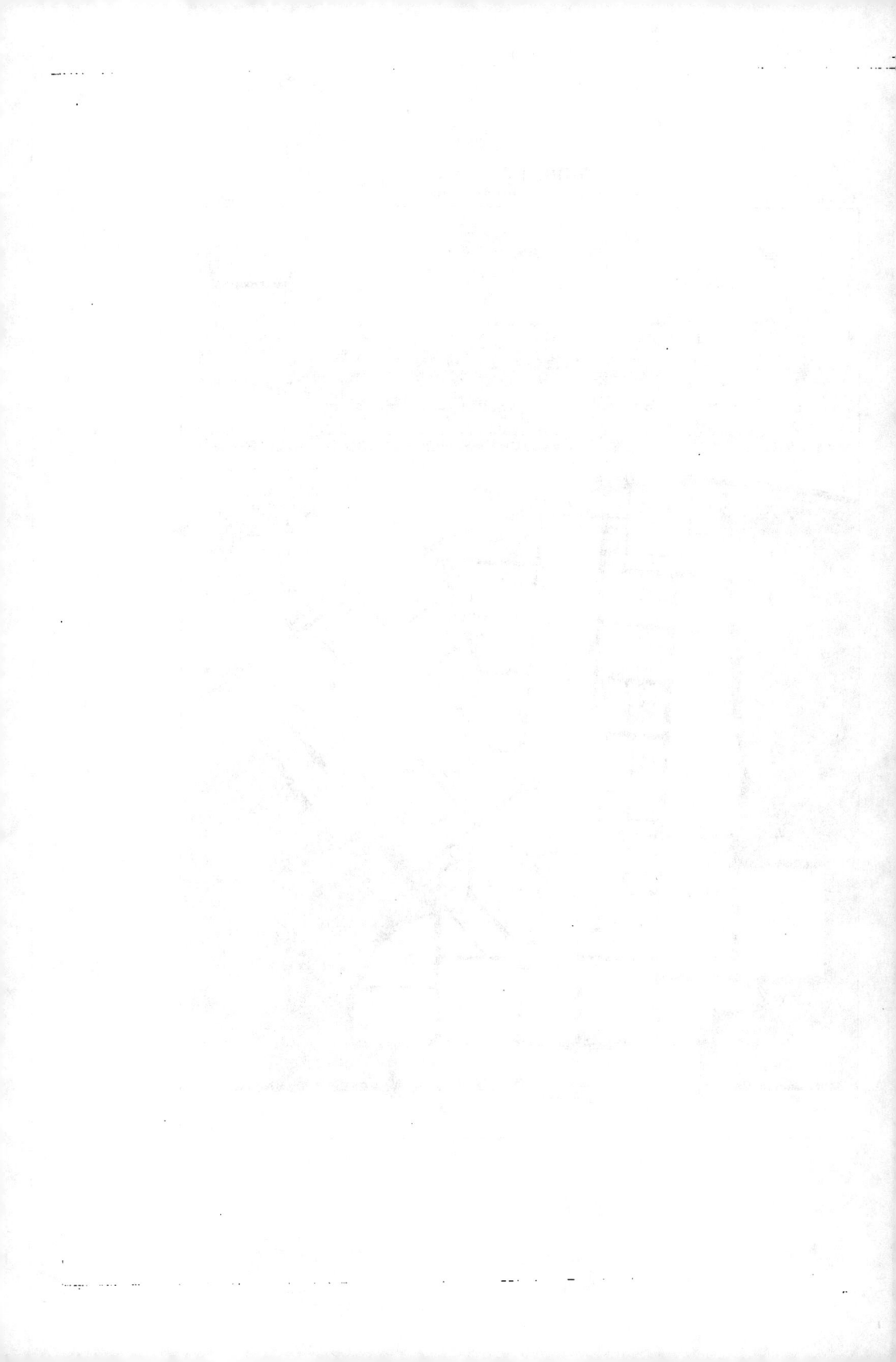

FAÇADES
postérieures de la n.ᵐᵉ et 12.ᵐᵉ maison.

Façades sur la galerie B, et celle sur la galerie C.
de la onzième maison.

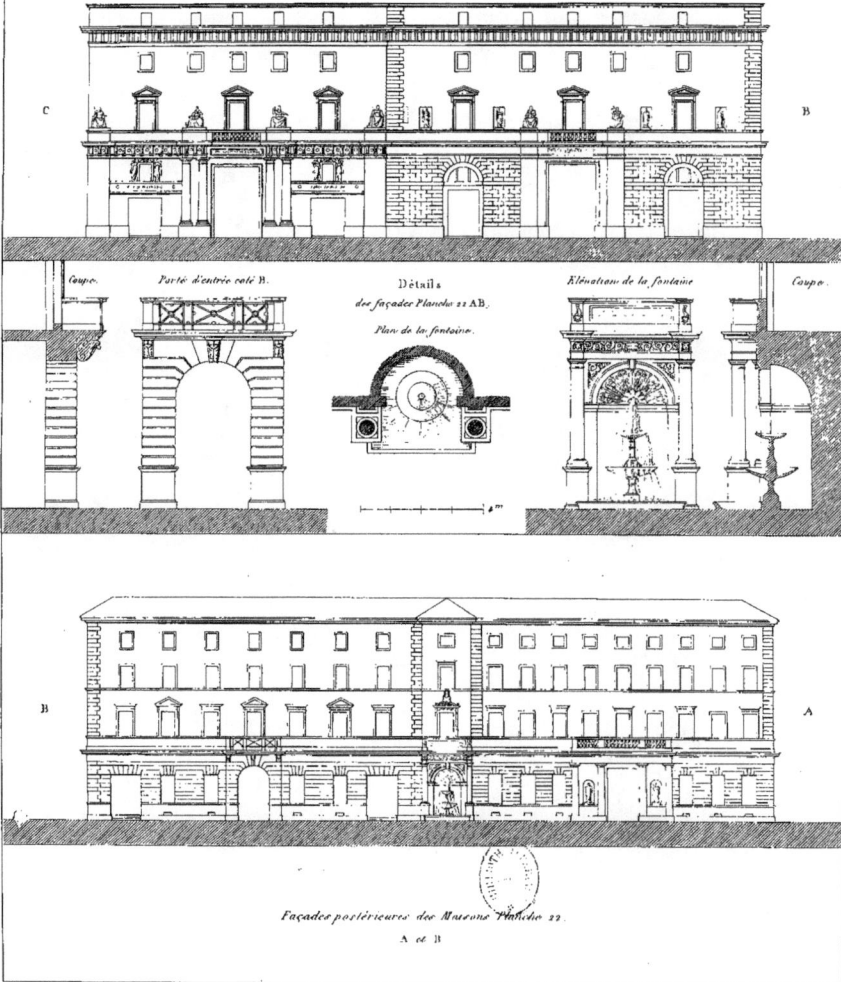

C   B

Coupe.   Porte d'entrée coté B.   Détails   Élévation de la fontaine   Coupe.
                                          des façades Planche 22 AB.

                                          Plan de la fontaine.

B   A

Façades postérieures des Maisons Planche 22.
A et B

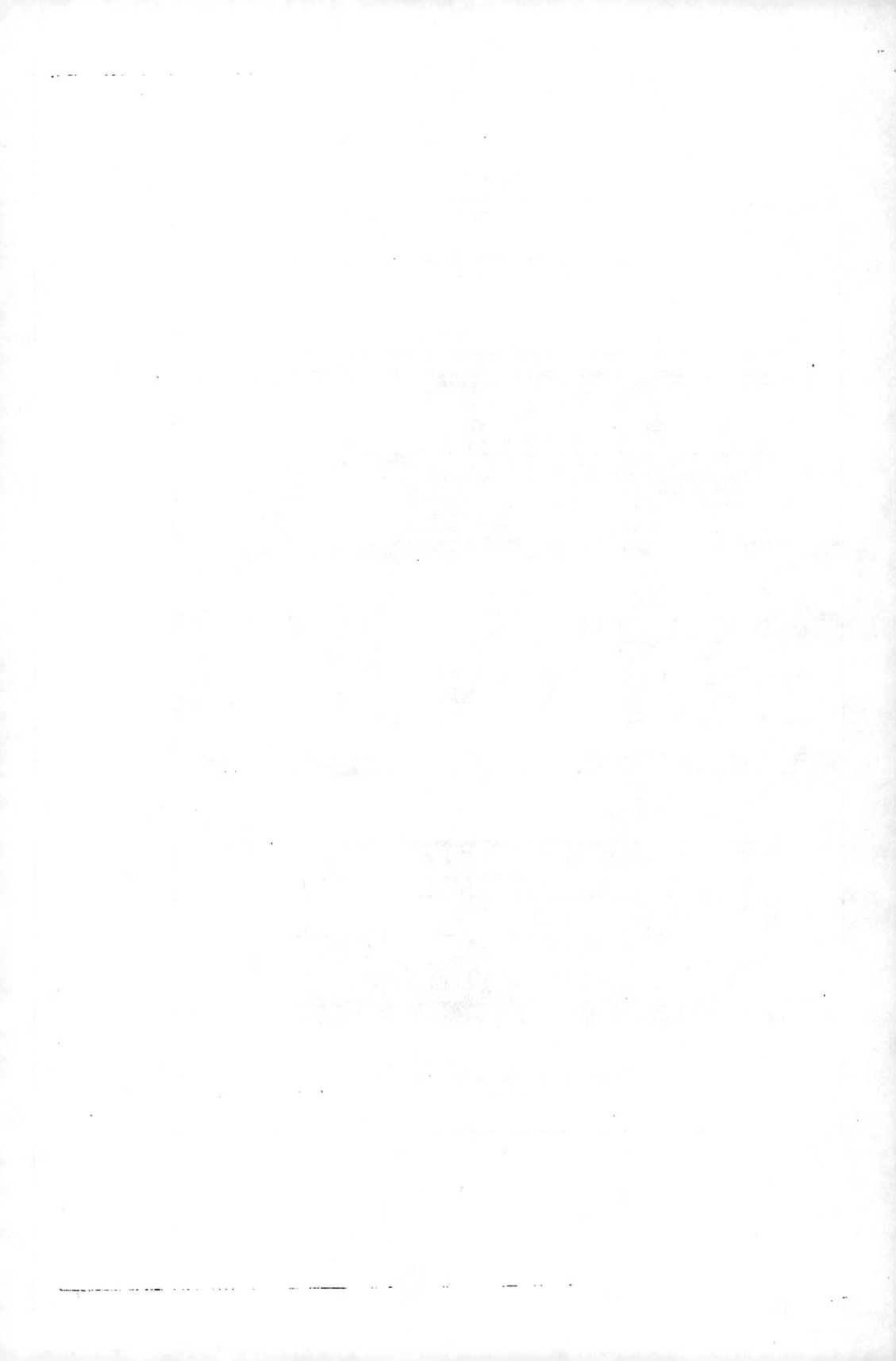

PLAN

du rez-de-chaussée de trois maisons réunies.

Coupe du Vestibule E.   *Façade principale coté C .*   *Coupe du Vestibule D.*

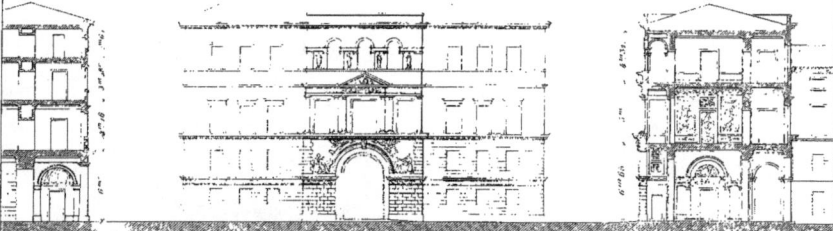

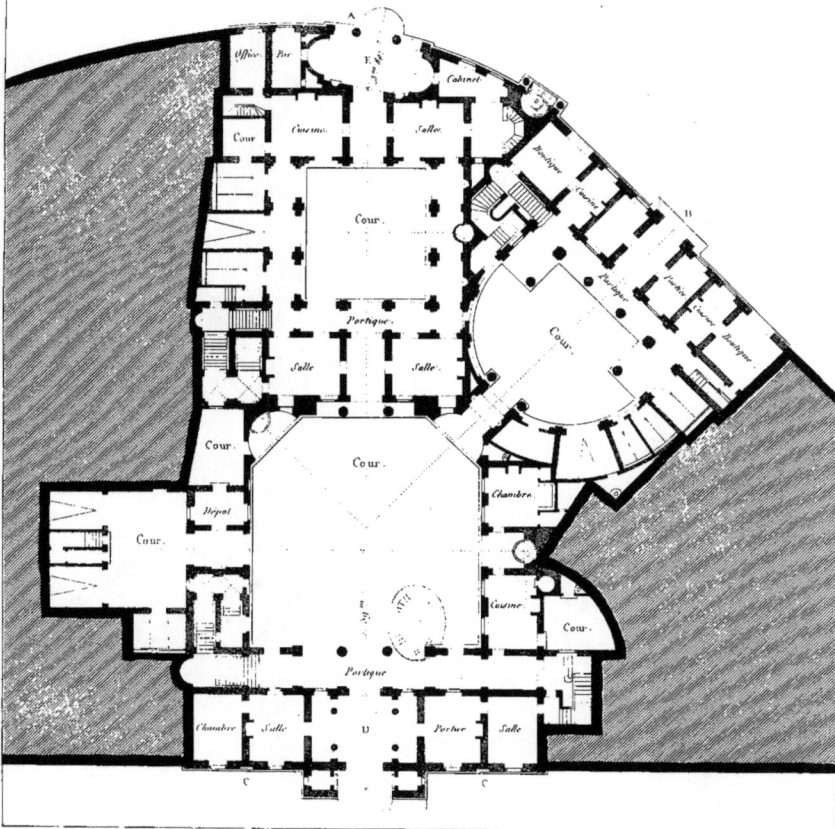

...4 Mètres

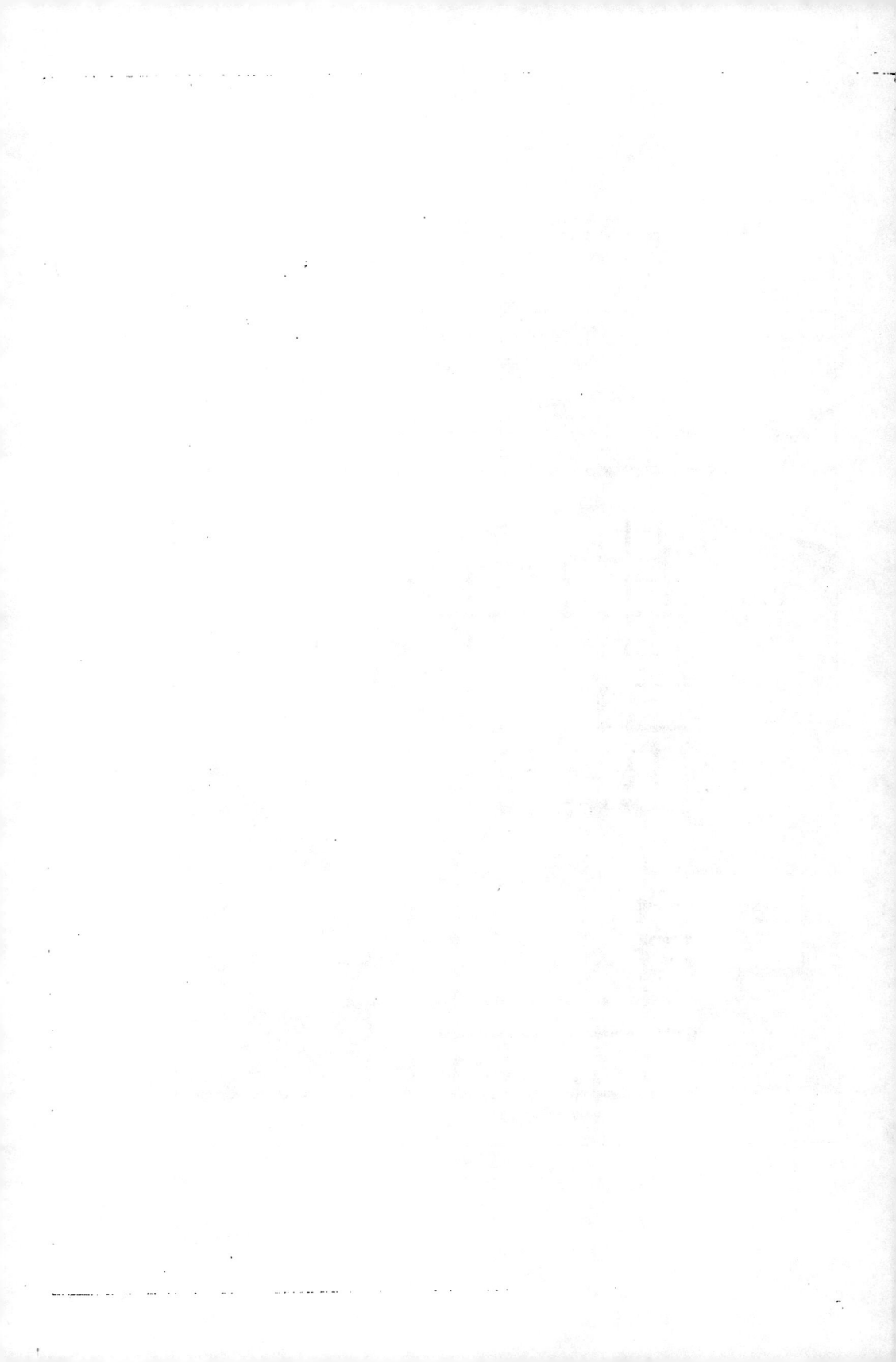

PLANS

élévation et coupe de la treizième maison.

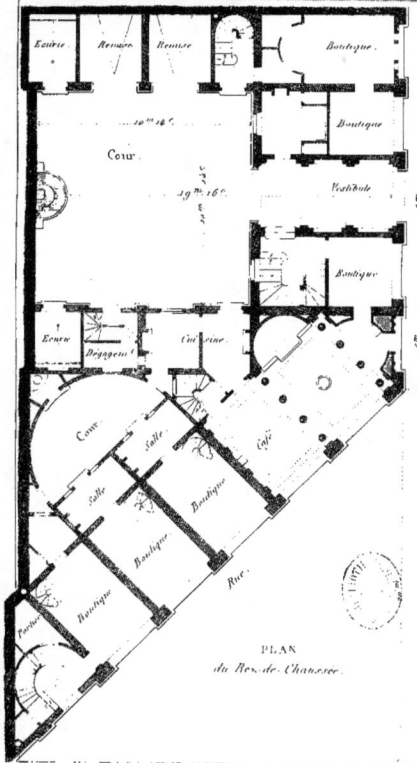

PLAN
du Rez-de-Chaussée.

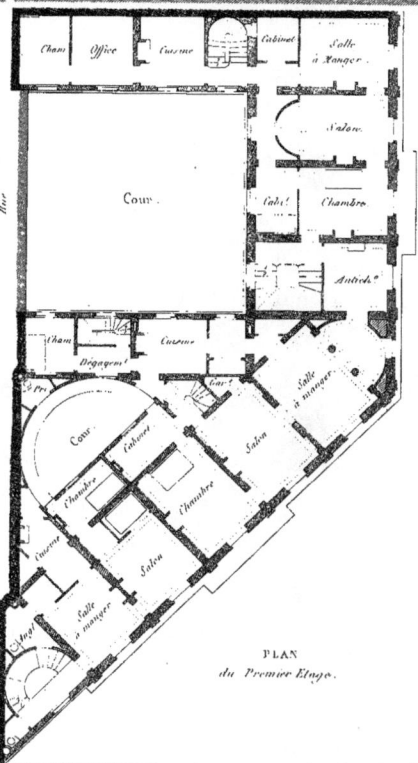

PLAN
du Premier Étage.

20 Mètres

MAISON
distribuée pour être mise en location.

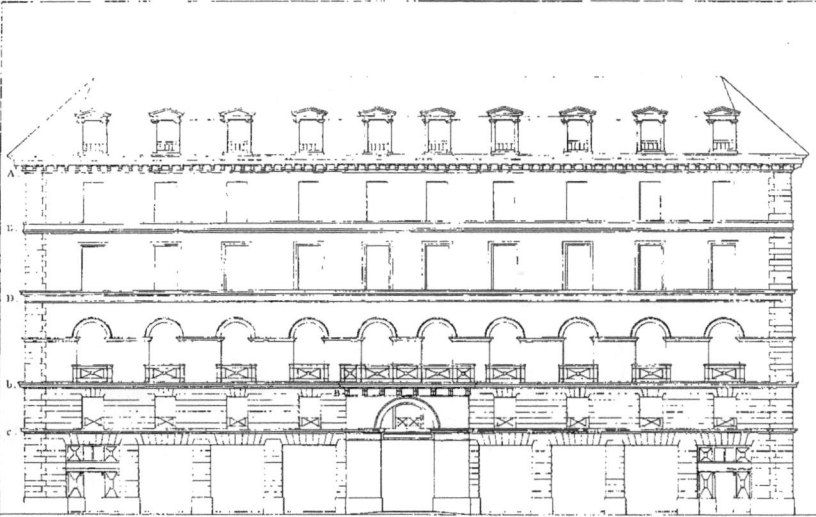

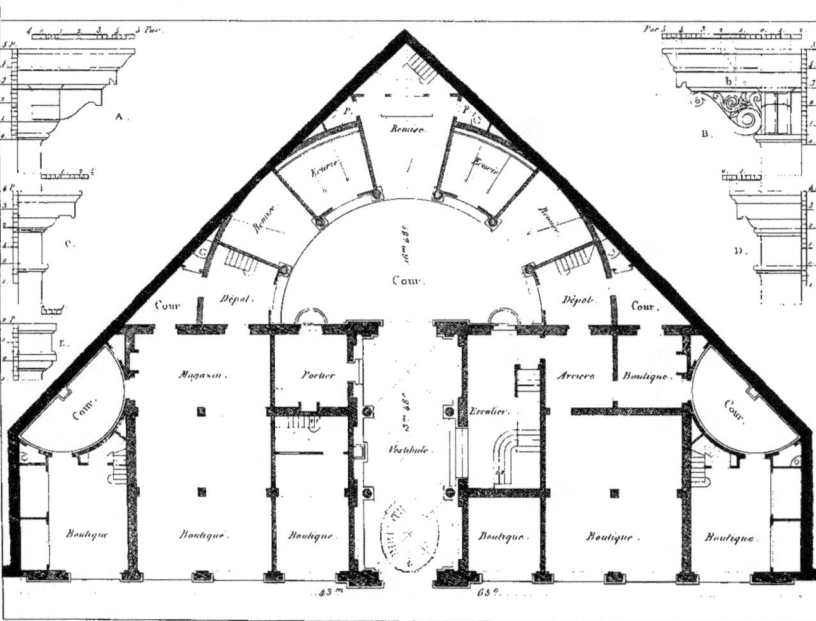

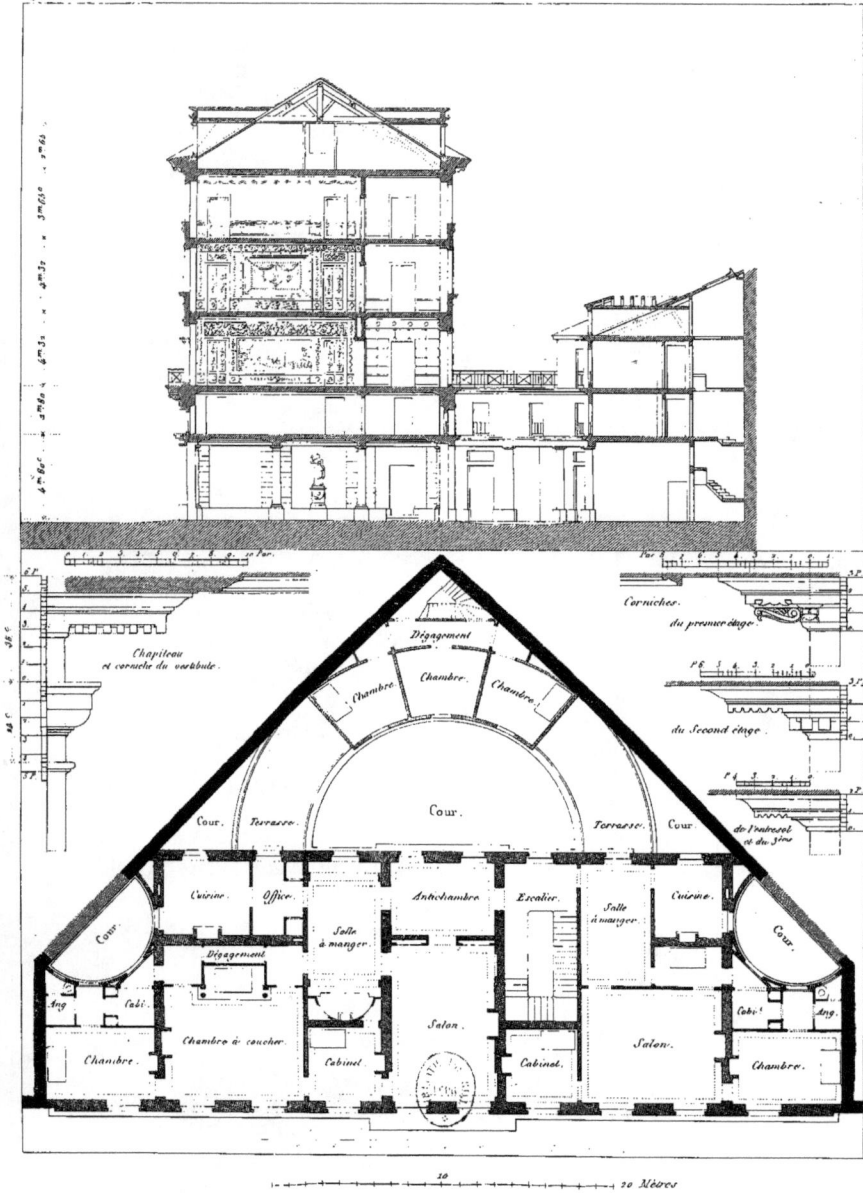

Chapiteau
et corniche du vestibule.

Corniches.

du premier étage.

du Second étage.

de l'entresol
et du 3.me

Dégagement.

Chambre. *Chambre.* *Chambre.*

Cour. *Terrasse.* *Cour.* *Terrasse.* *Cour.*

Cour.

Cour. *Cour.*

Cuisine. *Office.* *Antichambre.* *Escalier.* *Salle à manger.* *Cuisine.*

Salle à manger.

Dégagement.

Ang. *Cabi.* *Cabi.* *Ang.*

Chambre. *Chambre à coucher.* *Salon.* *Salon.* *Chambre.*

Cabinet. *Cabinet.* *Cabinet.*

10   20 Mètres

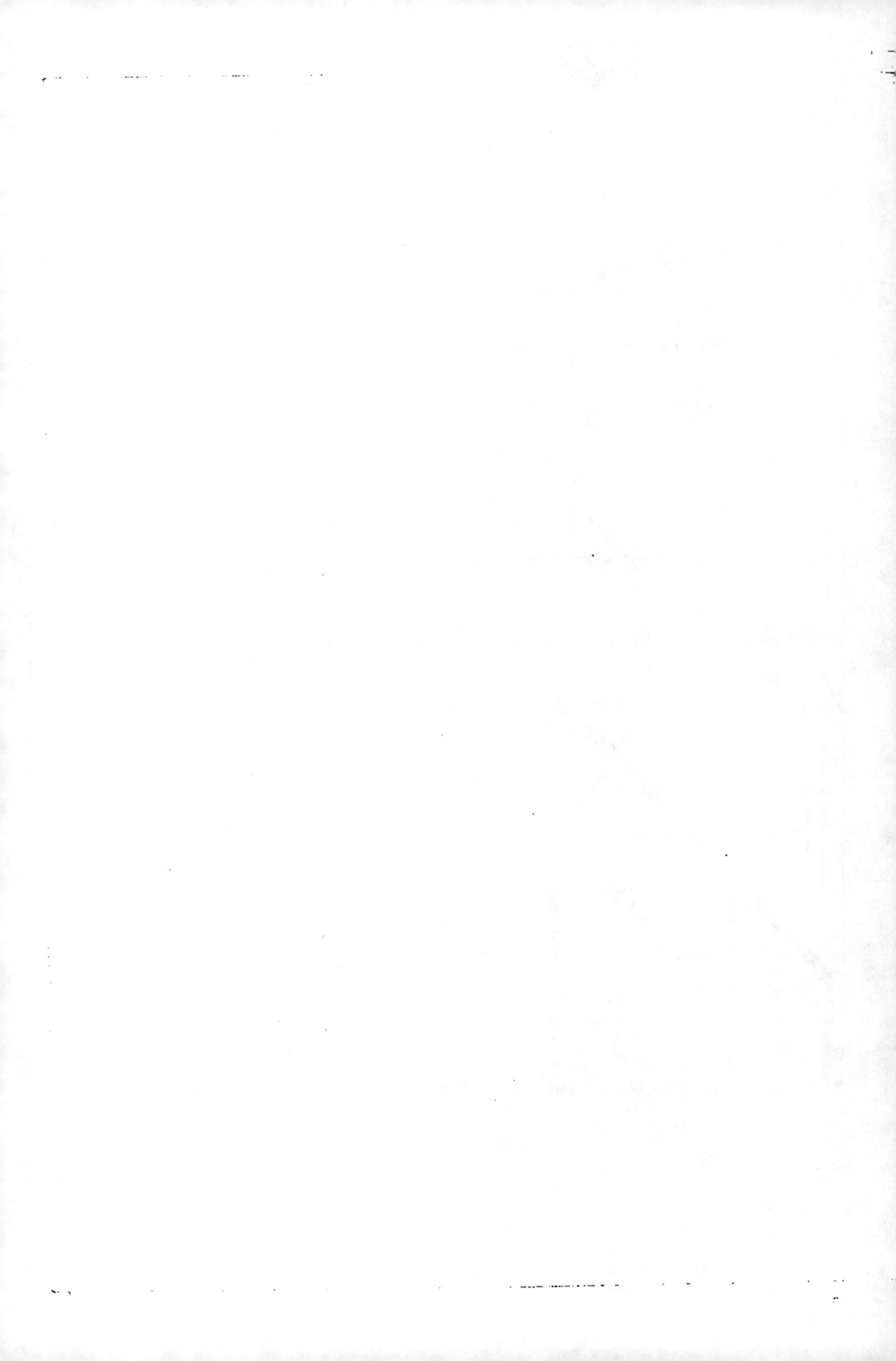

MAISON DE COMMERCE

Façade B   Façade A.

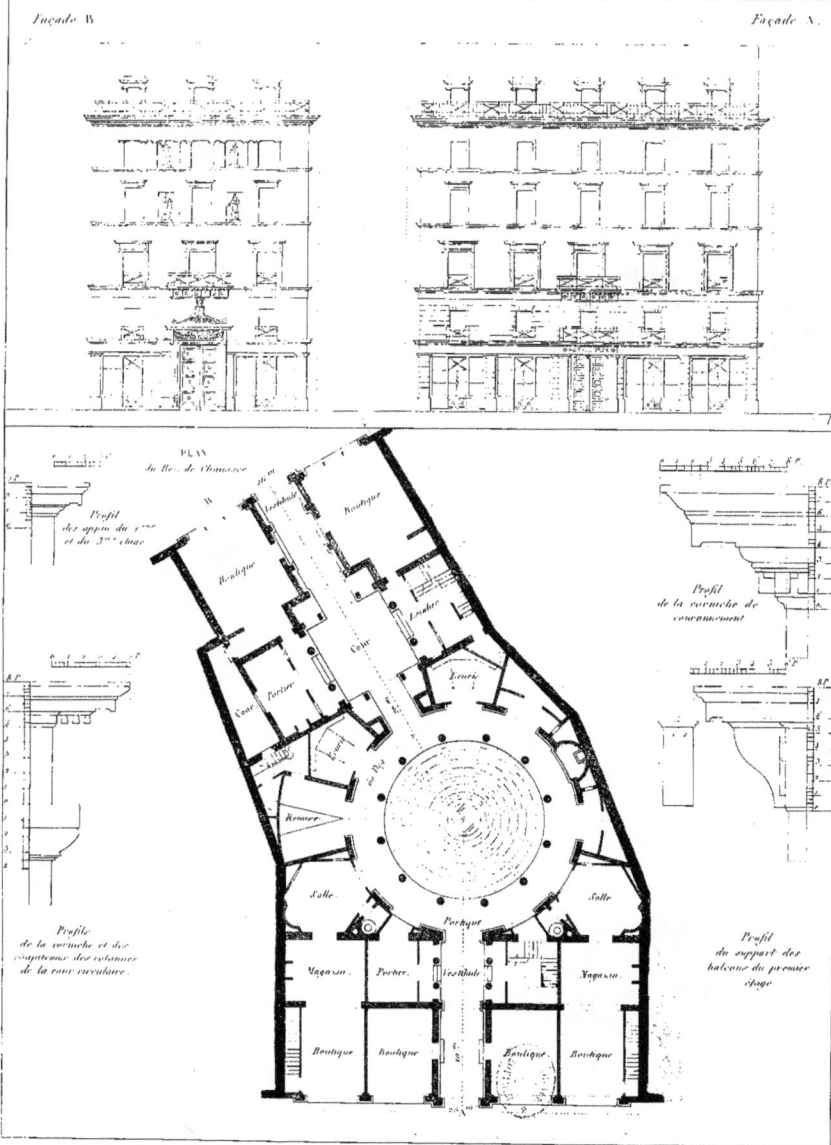

PLAN
de Rez de Chaussée

Profil
des appuis du 1er
et du 3me étage

Profil
de la corniche et des
chapiteaux des colonnes
de la cour circulaire.

Profil
de la corniche de
couronnement.

Profil
du support des
balcons du premier
étage

Boutique — Vestibule — Boutique — Portier — Cour — Escalier — Écurie — Remise — Salle — Portique — Salle — Magasin — Portier — Vestibule — Magasin — Boutique — Boutique — Boutique — Boutique

10   20 Mètres

PLAN DU PREMIER ÉTAGE,
coupe et détails de la 15ème maison.

Coupe sur la ligne A M.

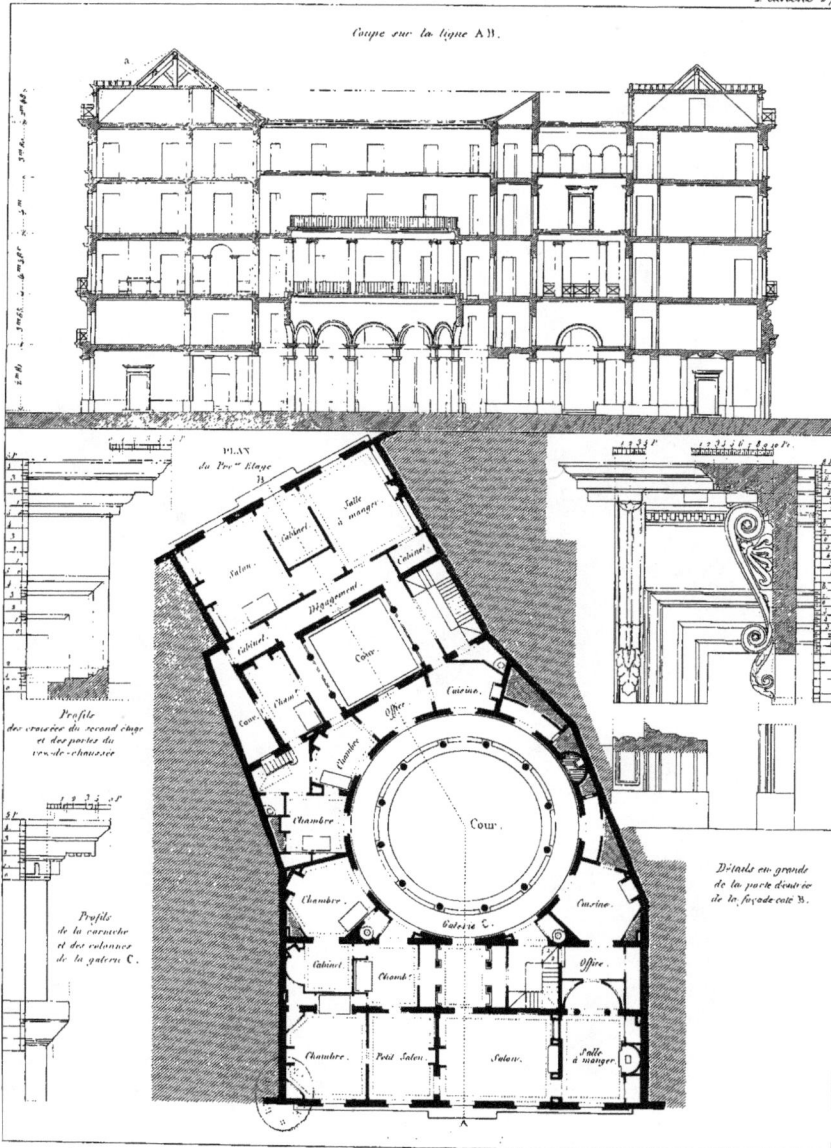

PLAN
du Pre.r Étage.

Profils
des croisées du second étage
et des portes du
rez-de-chaussée

Profils
de la corniche
et des colonnes
de la galerie C.

Salon.

Cabinet.

Salle
à manger.

Cabinet.

Dégagement.

Cabinet.

Cour.

Coup.

Cham.

Cuisine.

Office.

Chambre.

Chambre.

Cour.

Cuisine.

Galerie C.

Cabinet.

Chamb.

Office.

Chambre.

Petit Salon.

Salon.

Salle
à manger.

Détails en grand
de la porte d'entrée
de la façade coté B.

20 Mètres

BAZAR ET MAISON
garnie pour les étrangers.

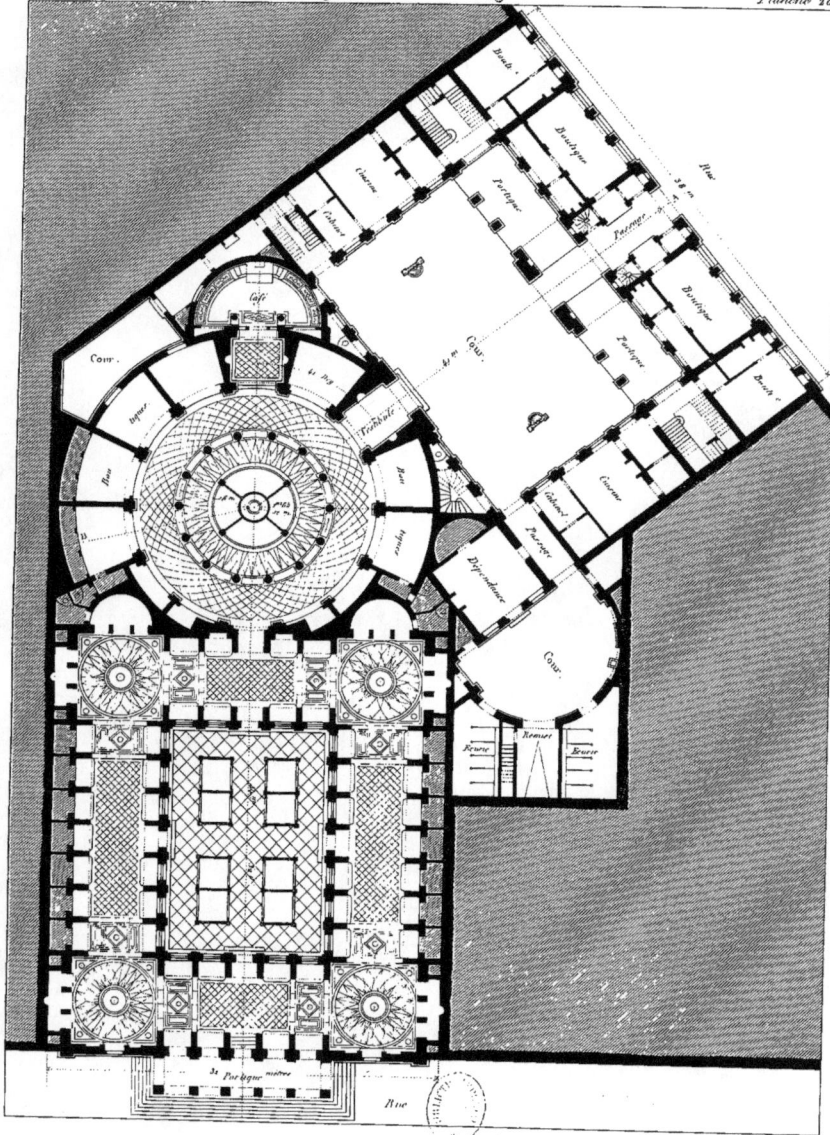

Rue

Cour.

Café

Vestibule

Cour.

Cour.

Cour.

Portique

Boutique

Boutique

Boutique

Boutique

Remise

Écurie

Écurie

Dépendance

Passage

Cabinet

Portique

Rue

20 Mètres

FAÇADES ET COUPES
du Bazar et de la maison garnie

Coupe sur la largeur
de la grande salle.

Façade du Bazar.

détail de la Corniche
des galeries.

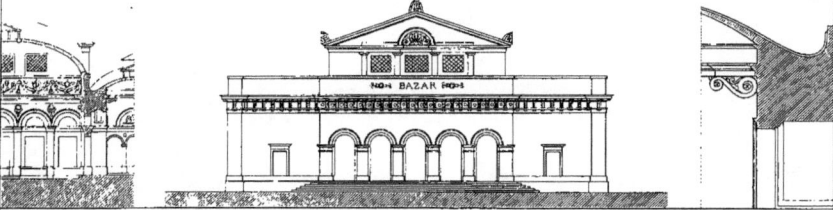

Façade de la

maison garnie.

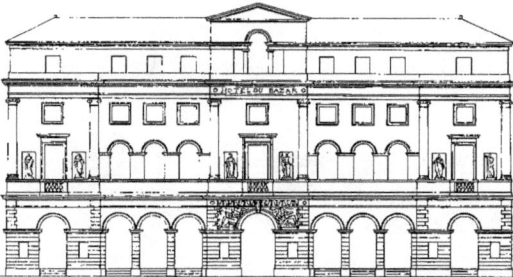

A Coupe traversant la maison, la cour, la rotonde
dans ce sens jusqu'à la lettre B.

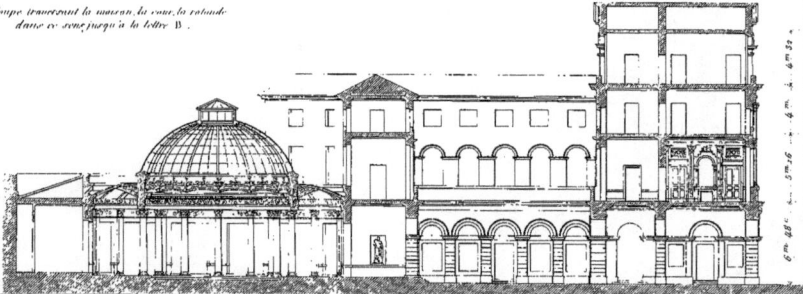

Coupe prise sur la façade du bazar
les galeries et la grande salle.

Coupe du Café.

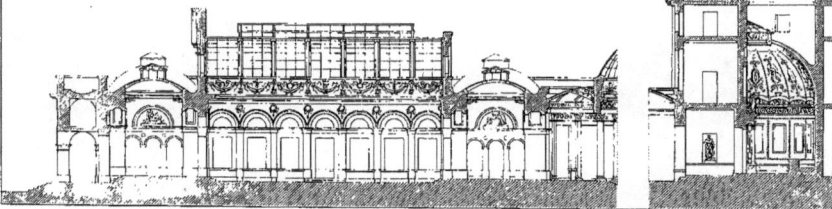

10   20 Mètres

PLAN DU REZ-DE-CHAUSSÉE
et élévation d'une maison isolée.

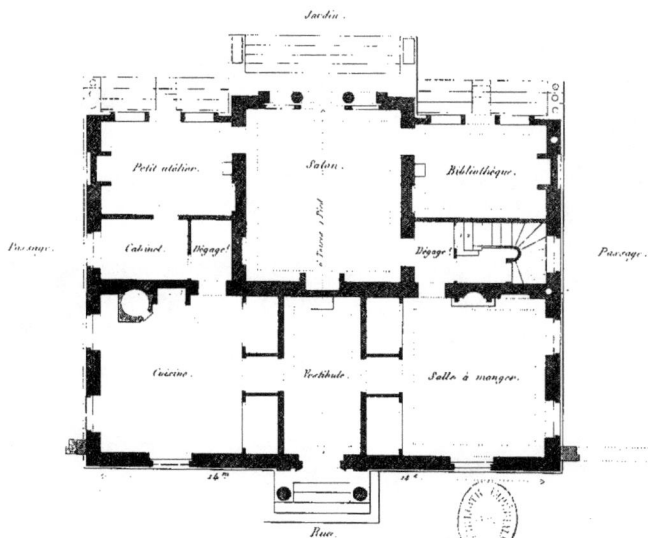

Jardin.

Petit atelier.　　Salon.　　Bibliothèque.

Passage.　Cabinet.　Dégagt　Dégagt　　Passage.

Cuisine.　　Vestibule.　　Salle à manger.

Rue.

16 Mètres.

Dix-septième Maison.

PLANS DES DEUX ÉTAGES
et coupe de la dix-septième maison.

Planche 31.

Coupe sur la profondeur.

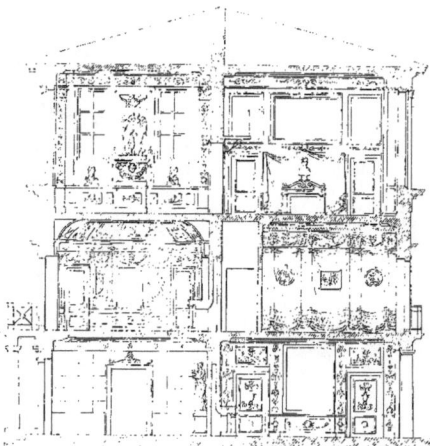

8   16 Mètres.

A Entresol
au dessus de ces pièces.

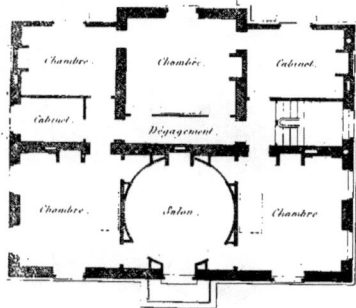

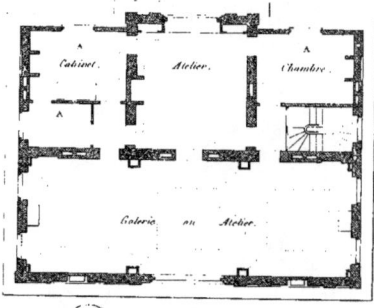

Chambre.   Chambre.   Cabinet.

Cabinet.

Dégagement.

Chambre.   Salon.   Chambre.

Cabinet.   Atelier.   Chambre.

Galerie   ou   Atelier.

8   16 Mètres.

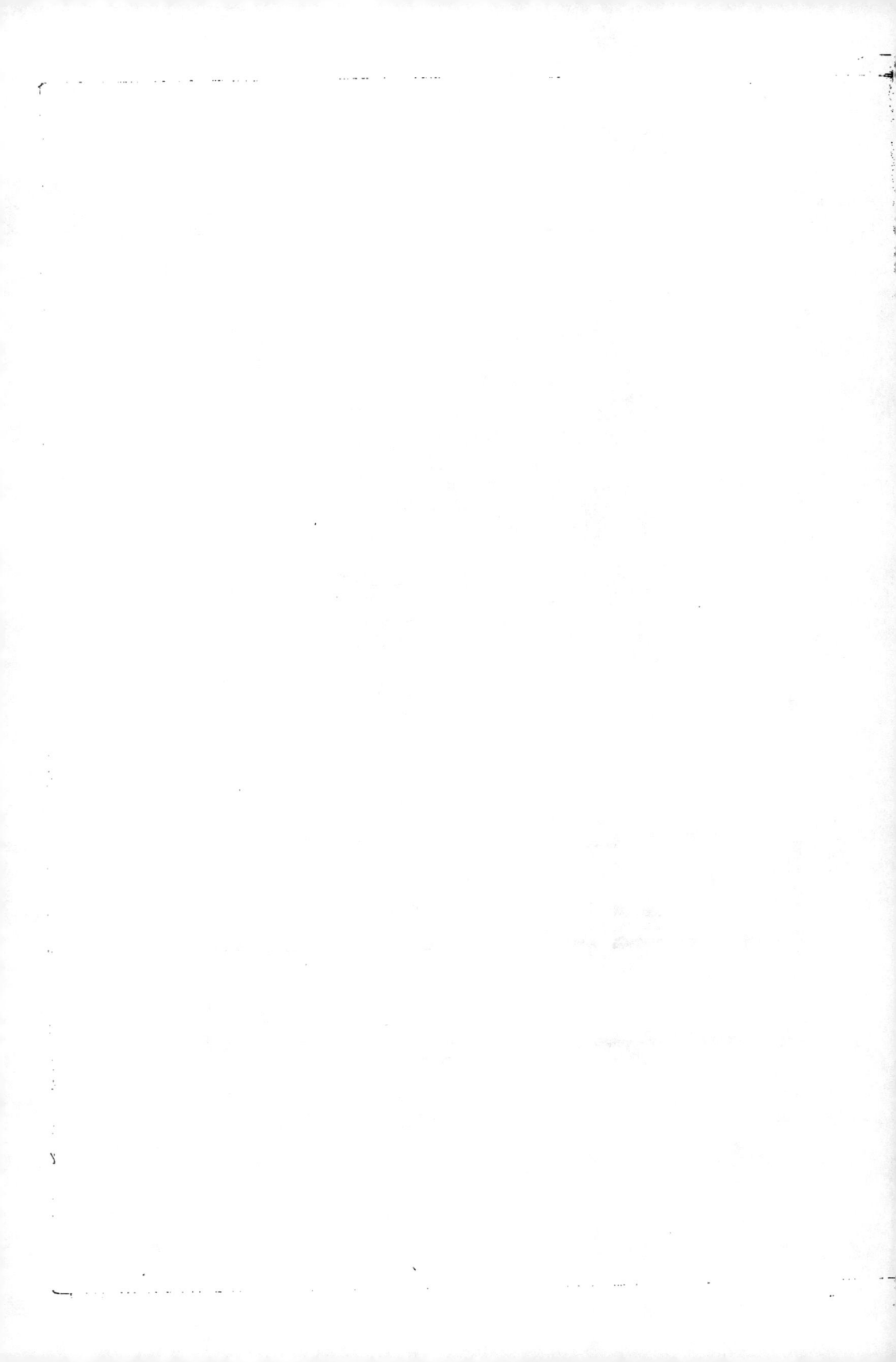

MAISON PARTICULIÈRE
ou pour un artiste.

Façade.

Coupe.

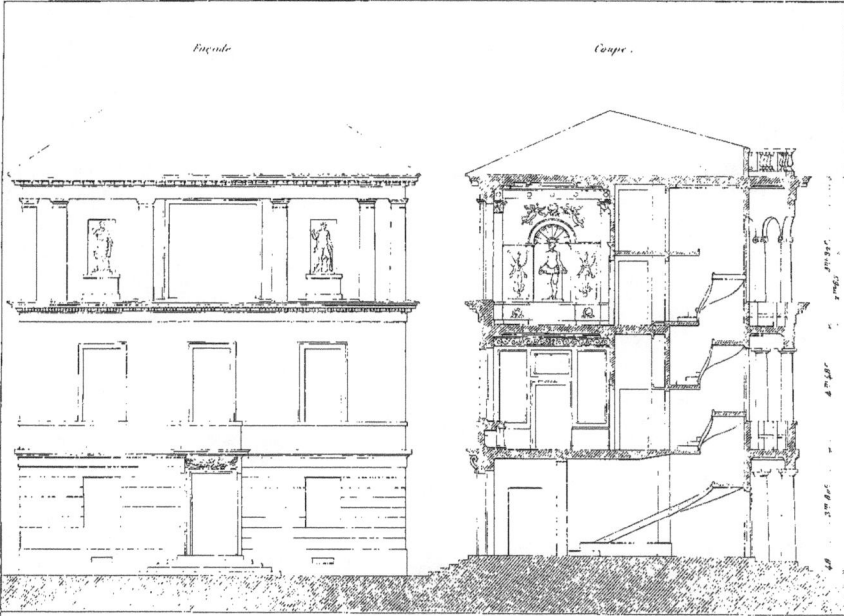

Plan du Rex-de-Chaussée.

Plan du 1er Étage.

Plan du 2ème Étage.

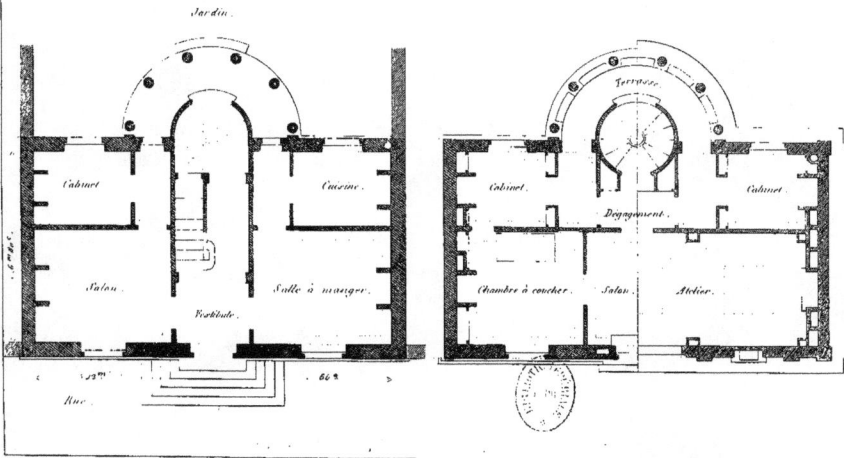

Jardin.

Terrasse.

Cabinet.

Cuisine.

Cabinet.

Dégagement.

Cabinet.

Salon.

Salle à manger.

Chambre à coucher.

Salon.

Atelier.

Vestibule.

Rue.

16 Mètres.

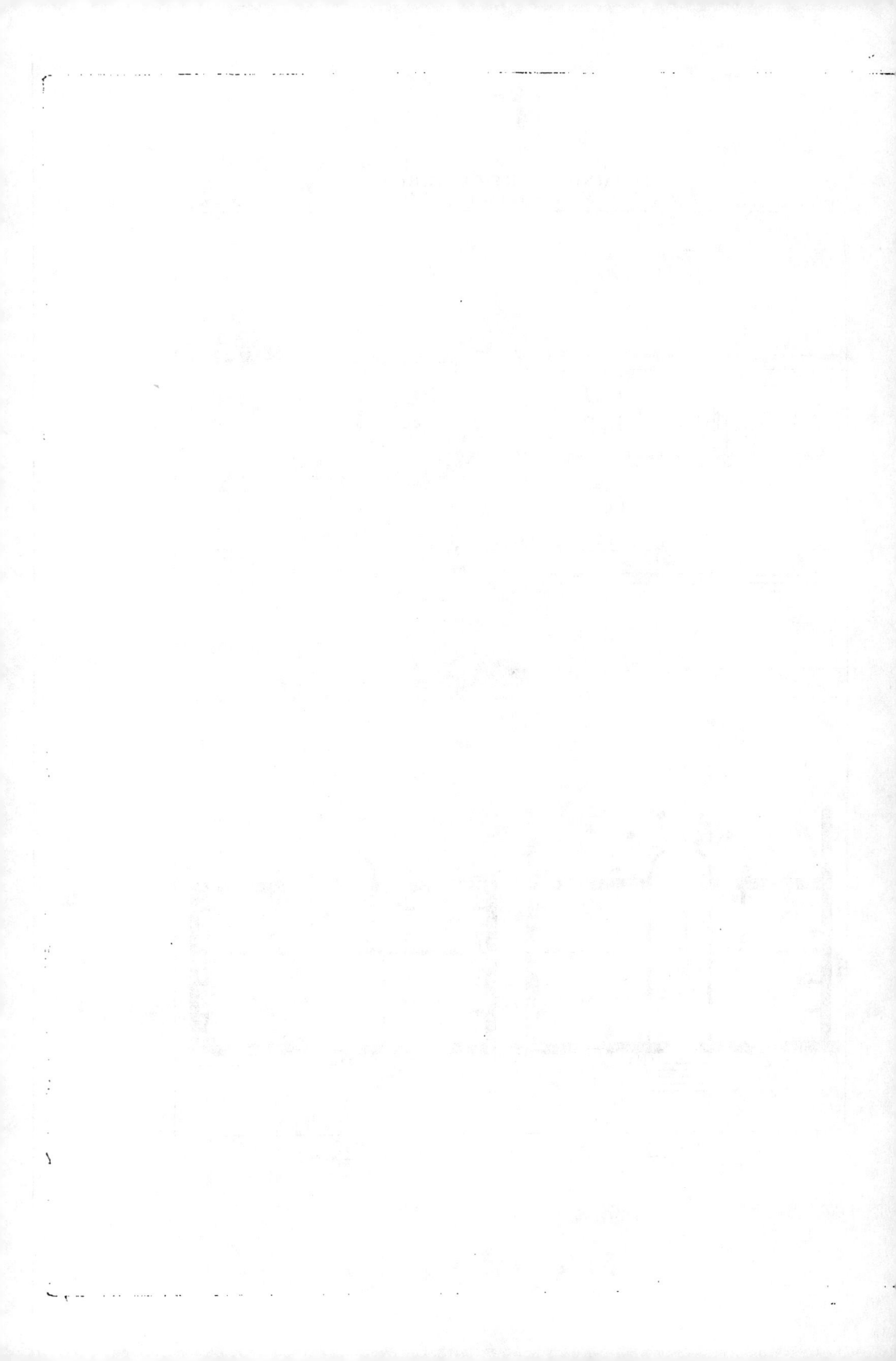

PLANS DES DIVERS ÉTAGES
élévation et coupe d'une maison à l'italienne.

Elévation.

Coupe.

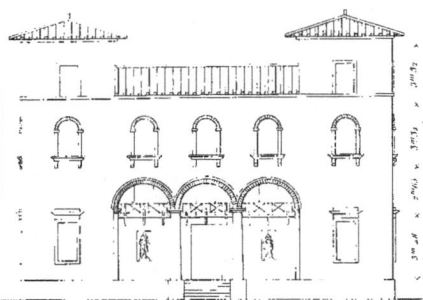
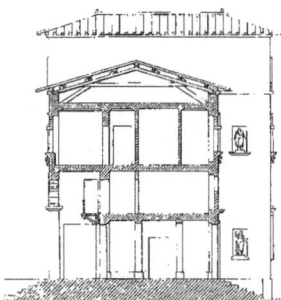

Second Etage.

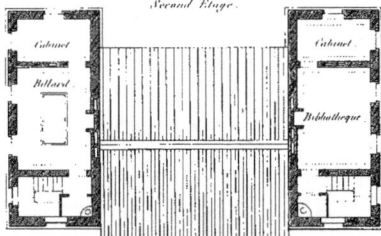

Entresol
sur les deux côtes formant pavillons
N et sur le vestibule W les deux
autres pièces montant de fond.

Rez-de-Chaussée.

Premier Étage.

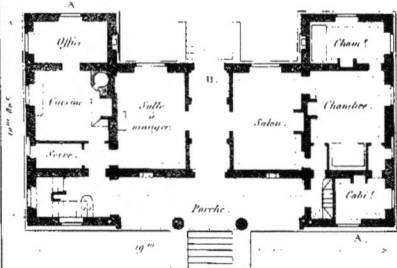
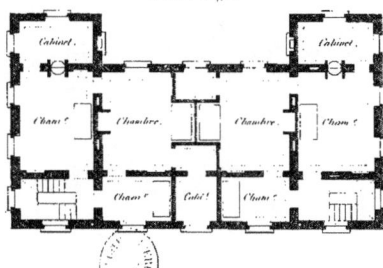

PLANS DU REZ-DE-CHAUSSÉE
et du 1er étage façade et coupe d'une maison de campagne.

Vingtième Maison.

Planche 34.

Façade.

Coupe.

Loge.

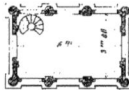

Rez-de-Chaussée.

Premier Étage.

Nª Les pieces Nᵒˢ 1, 3 et 4
pourraient être de la même
hauteur que celle du salon.

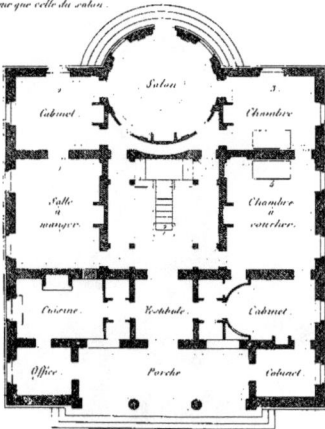

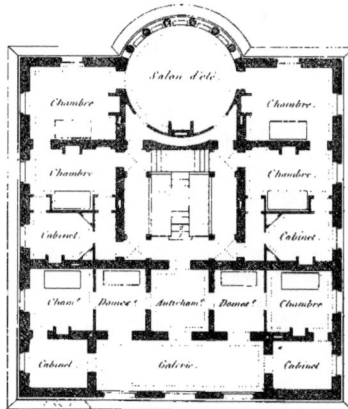

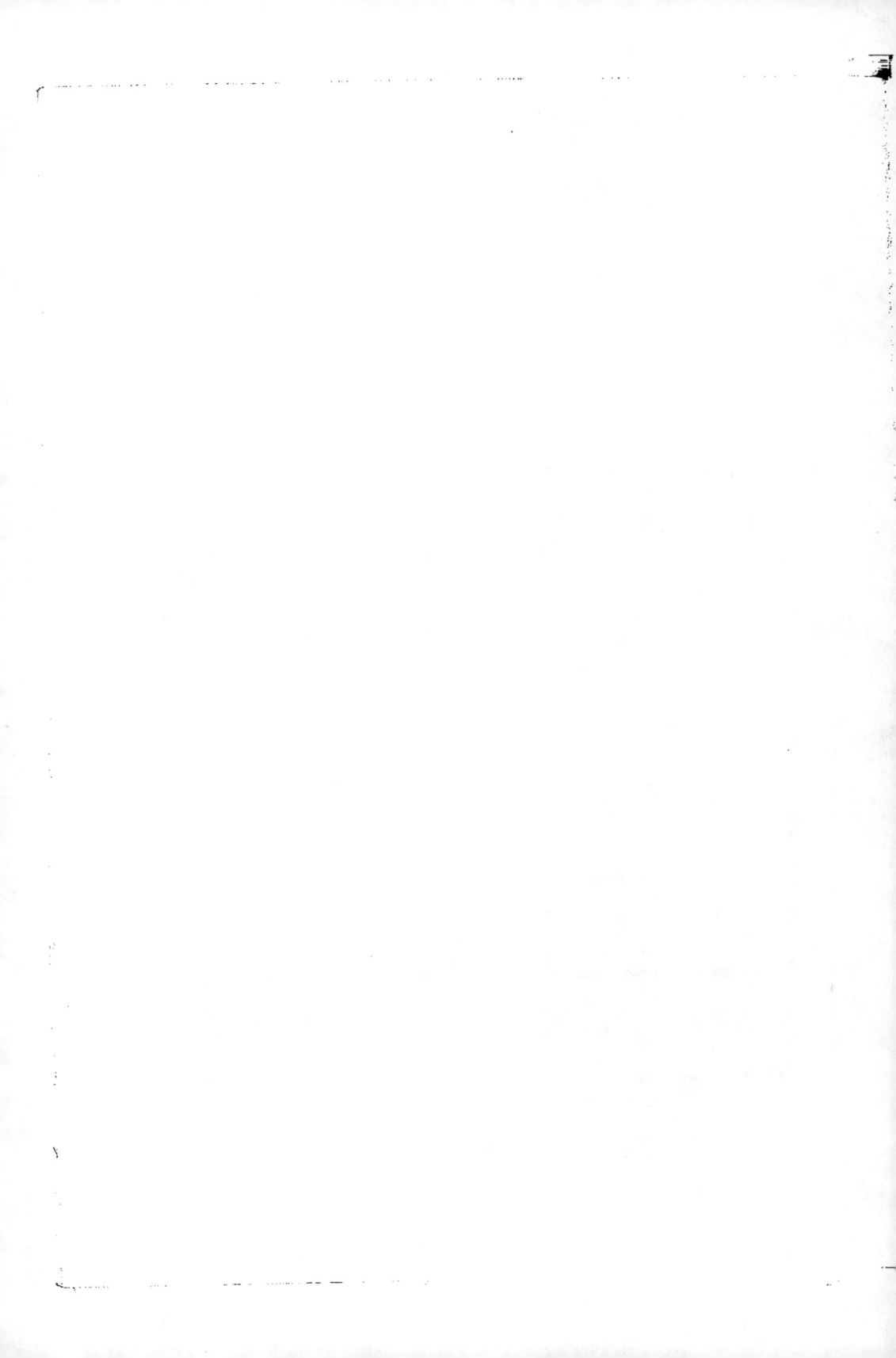

PLANS ÉLÉVATION ET COUPE
d'une maison de campagne.

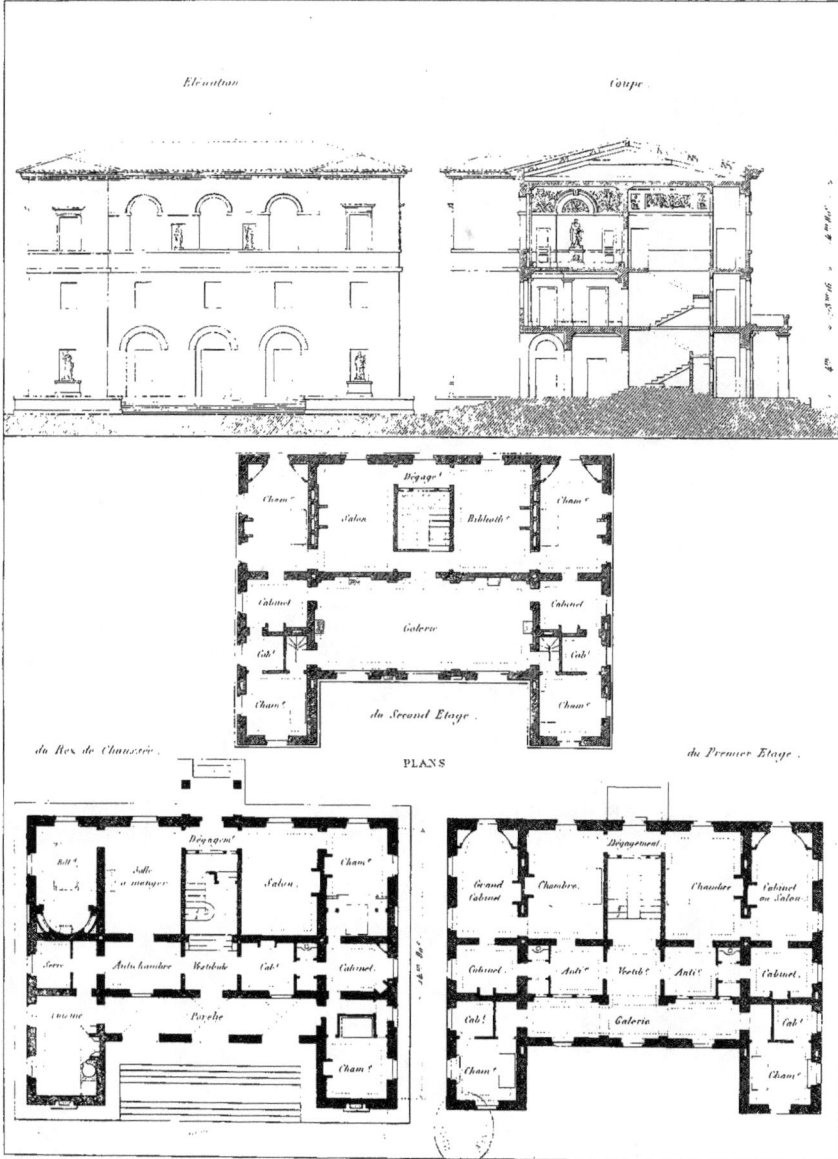

Élévation.

Coupe.

PLANS

du Rex de Chaussée.   du Premier Étage.

du Second Étage.

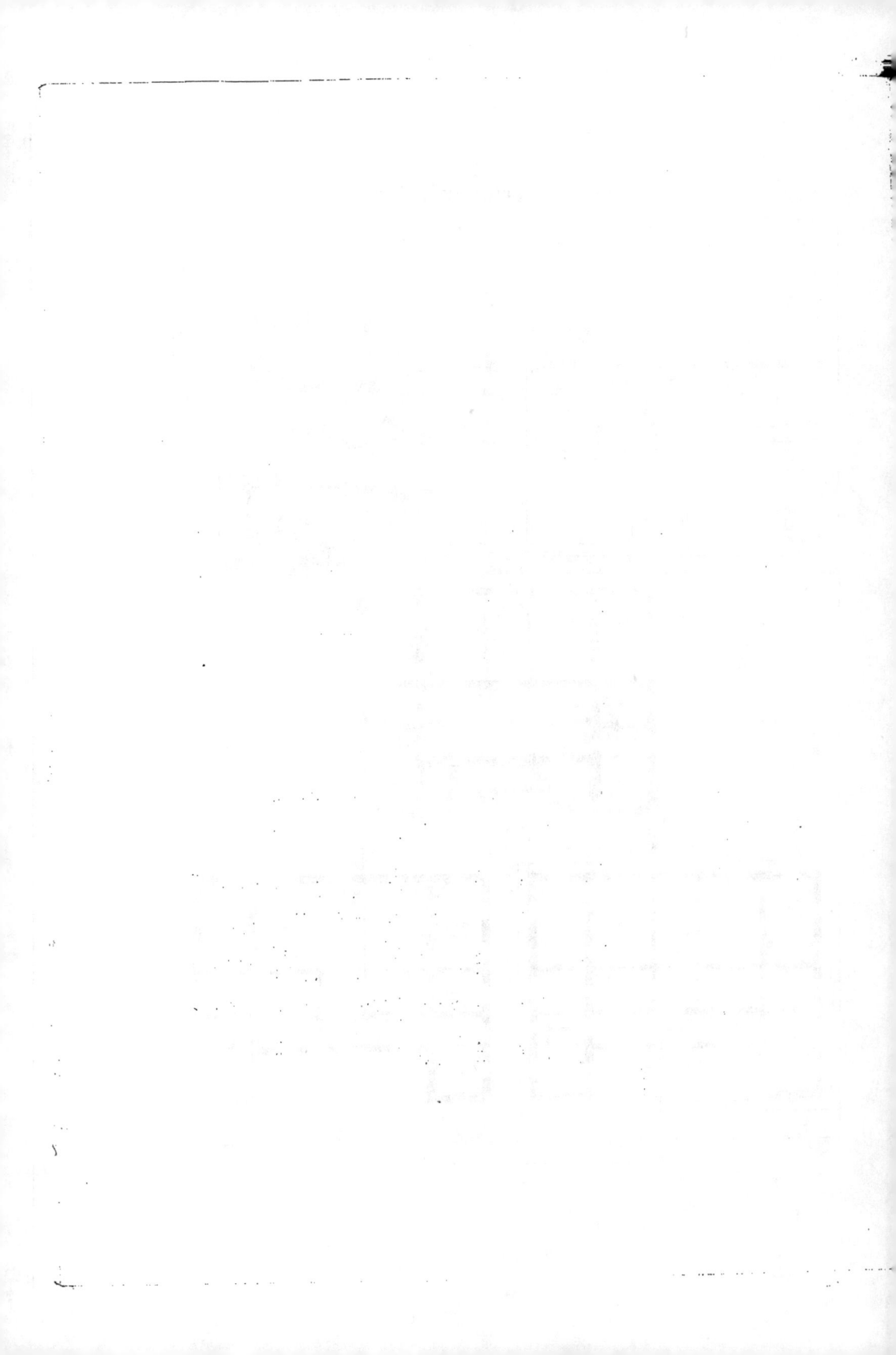

PLANS ÉLÉVATION ET COUPE
d'une maison de ville ou de campagne.

Vingt deuxieme Maison.

Planche 36.

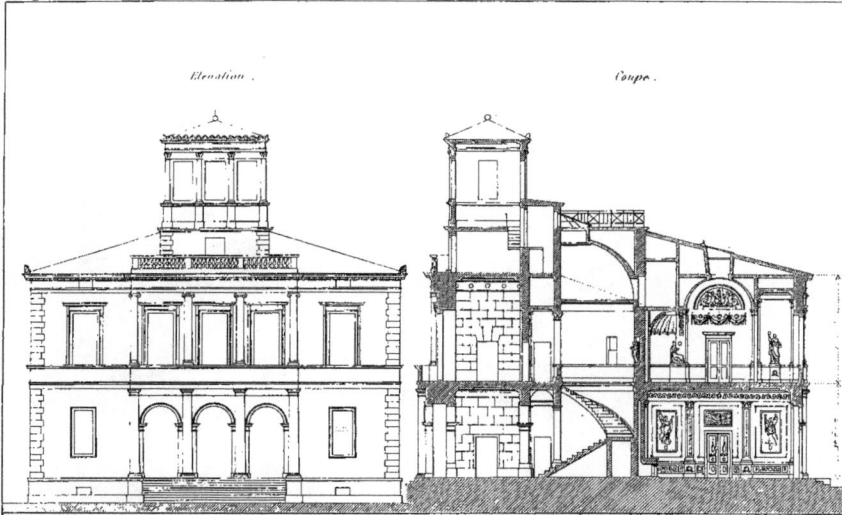

Elevation.

Coupe.

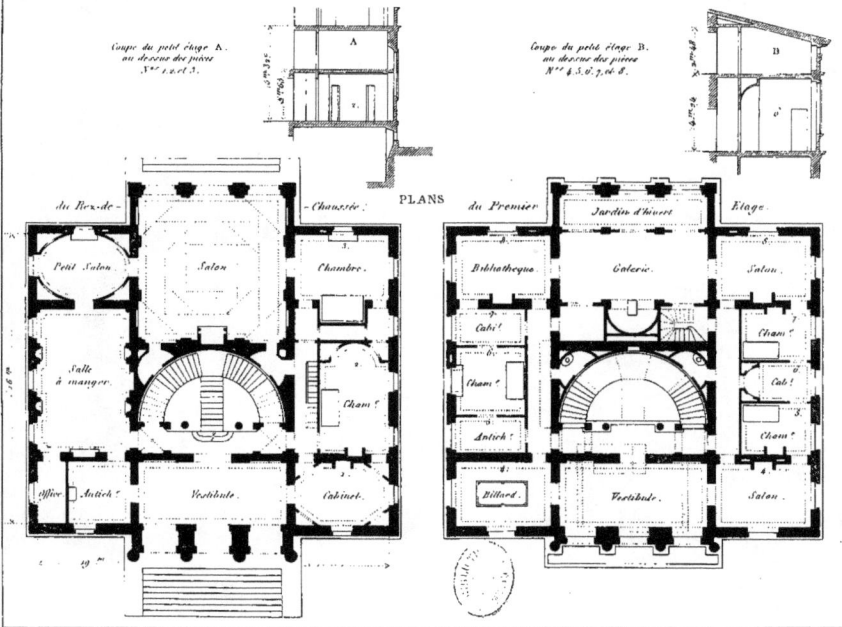

Coupe du petit étage A.
au dessous des pièces
N° 1 et 3.

Coupe du petit étage B.
au dessous des pièces
N° 4, 5, 6, 7, et 8.

PLANS

du Rez-de-Chaussée.

du Premier Etage.

Petit Salon.   Salon.   Chambre.

Salle à manger.   Cham.

Office.   Antich.   Vestibule.   Cabinet.

Bibliotheque.   Galerie.   Salon.

Cab.   Cham.

Cham.   Cab.

Antich.   Cham.

Billard.   Vestibule.   Salon.

10   20 Mètres

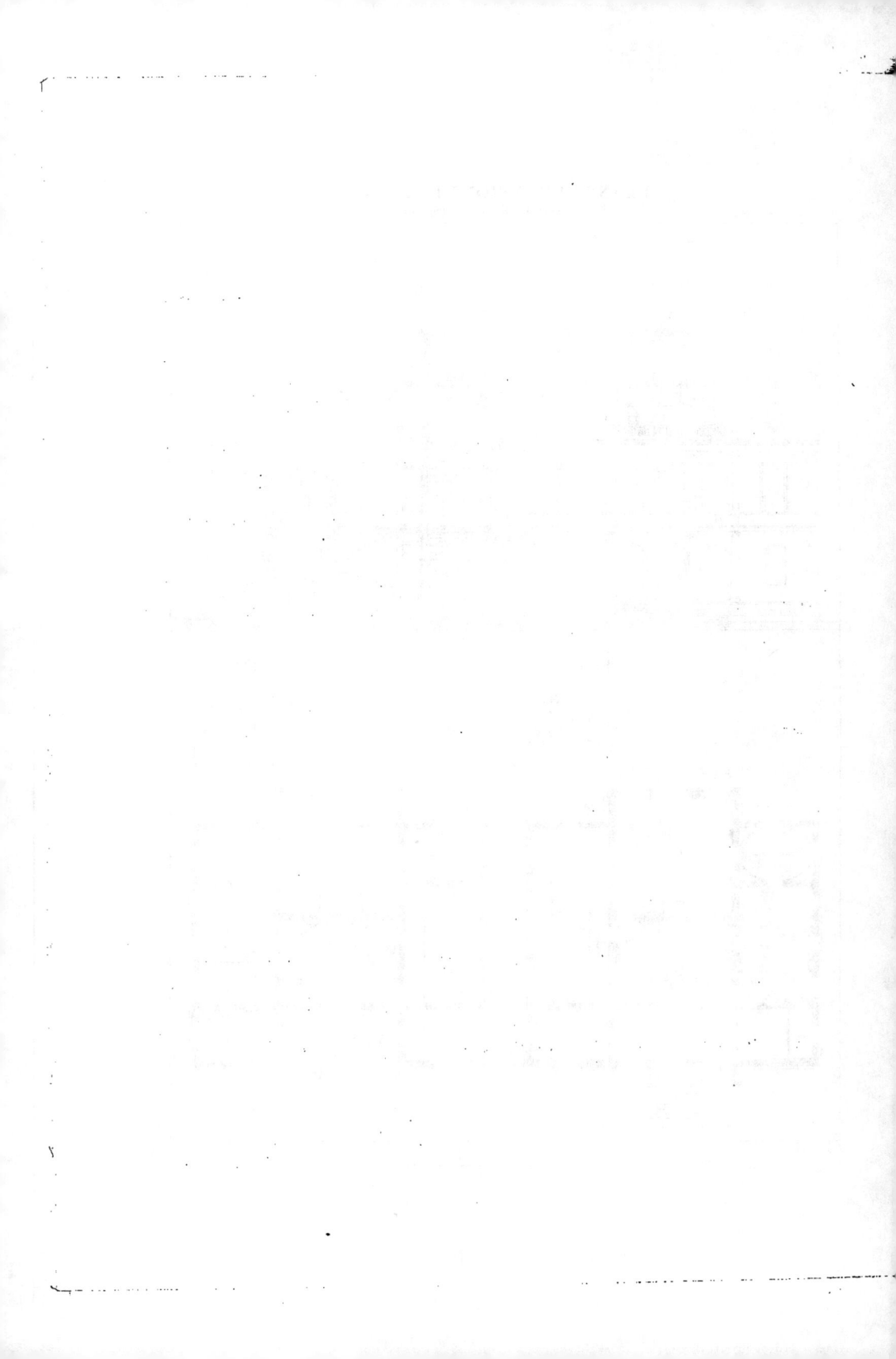

PLANS DES DIVERS ÉTAGES
d'une maison isolée de toute part.

Vingt troisième Maison.

Planche 37.

PLANS.

1er moitié
du dessous des combles.

Par moitié
du second étage.

au Premier Étage.

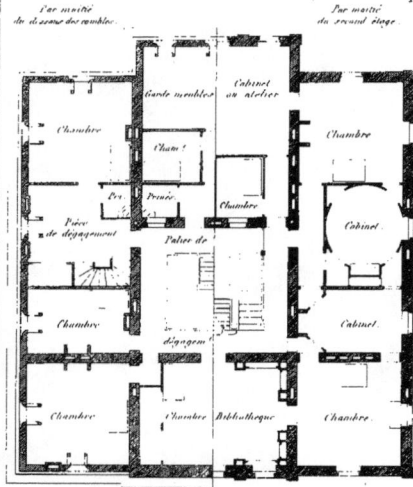
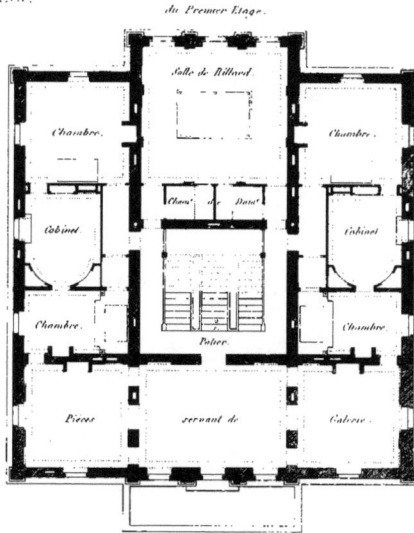

du Rez-de-Chaussée.

du Petit Étage
ou de l'entresol.

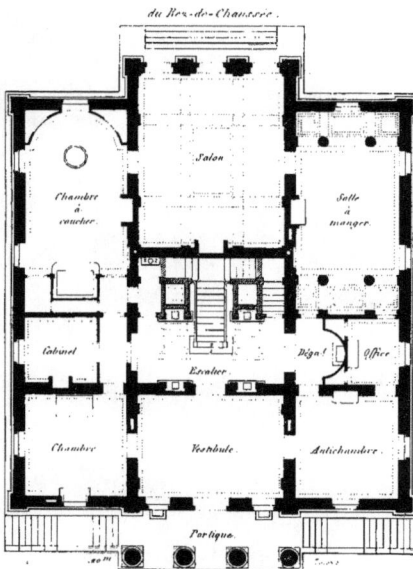
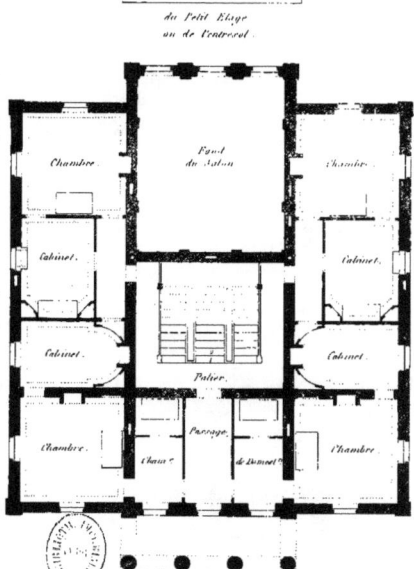

10   20 Mètres

ÉLÉVATION PRINCIPALE
de la vingt troisième maison.

Coupe prise au devant du bas de l'escalier.

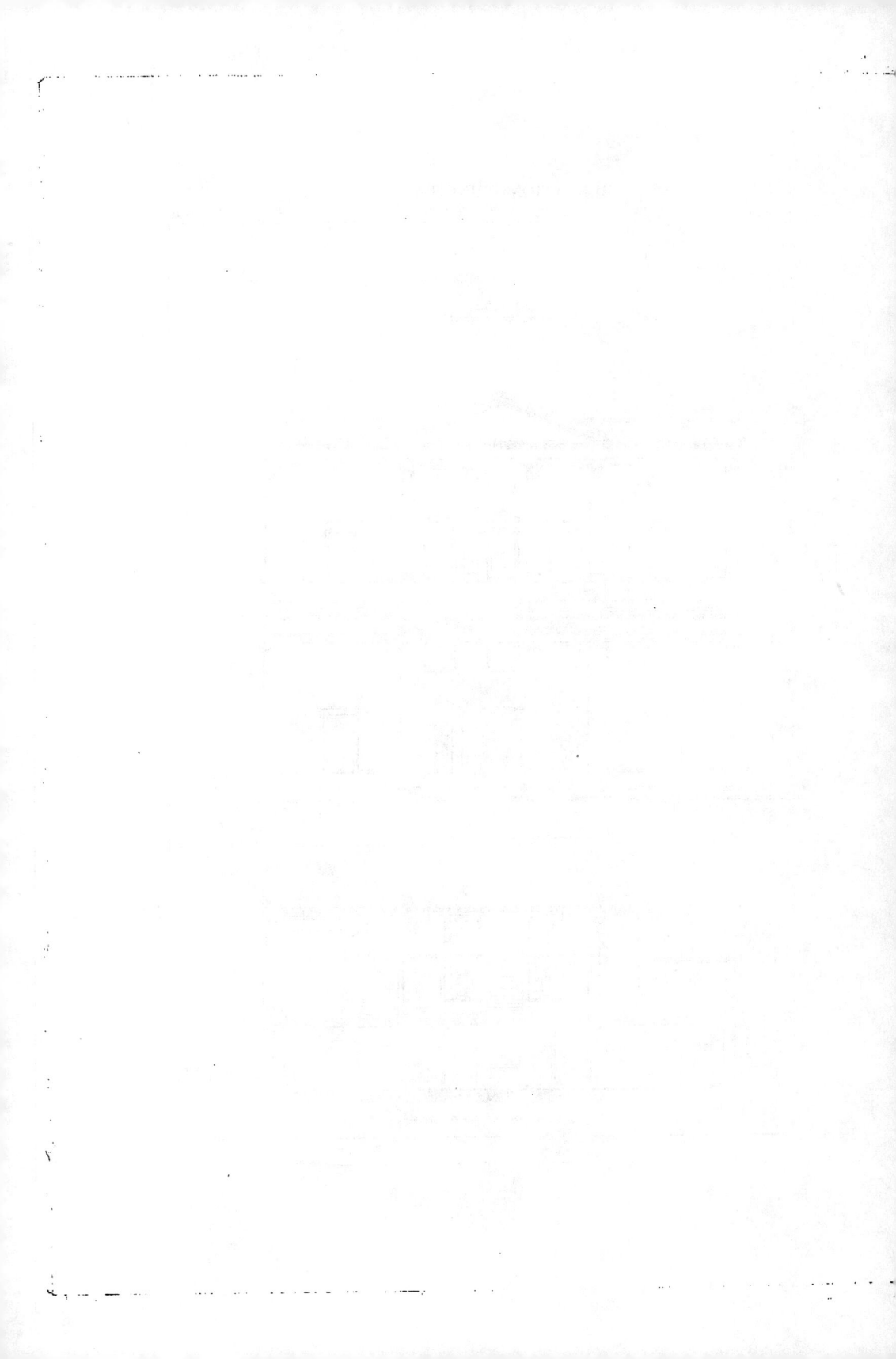

COUPE

prise entre la cour et le jardin.

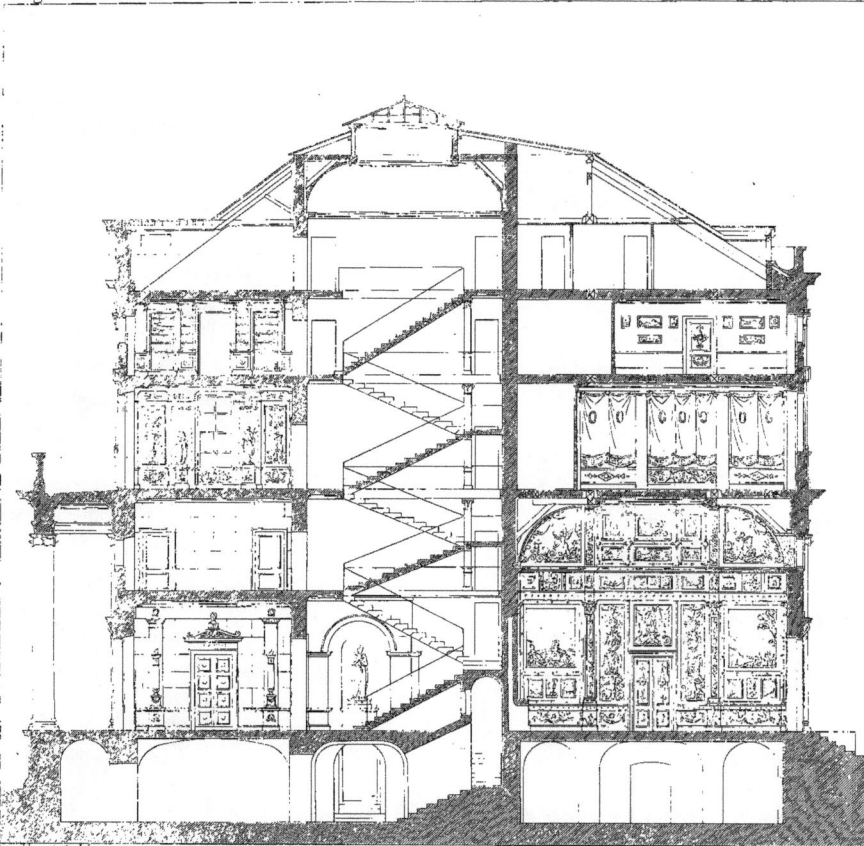

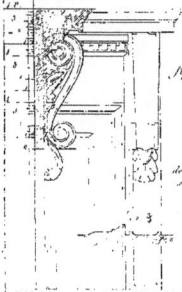

fig 1.ere

Détails
de la porte d'entrée
sous le portique.

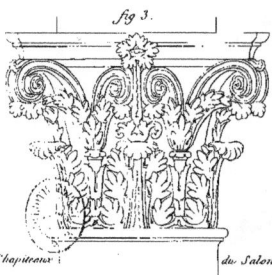

fig 3.

Chapiteaux

du Salon.

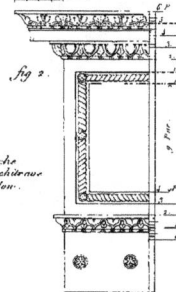

fig 2.

Corniche
frise et architrave
du Salon.

16 Mètres

PAVILLON DE PLAISANCE
ou rendez-vous de chasse.

Façade sur une route.

Coupe prise entre la route et le parc.

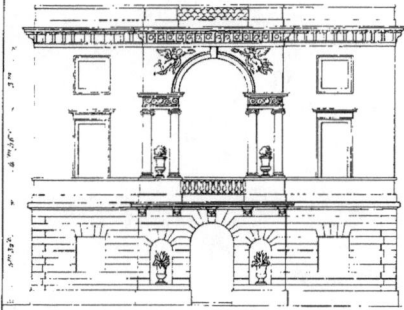
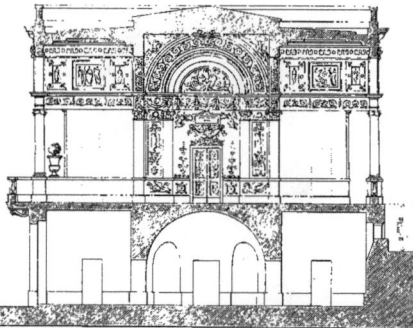

Façade sur le parc.

du Premier Étage.   PLANS   du Soubassement.

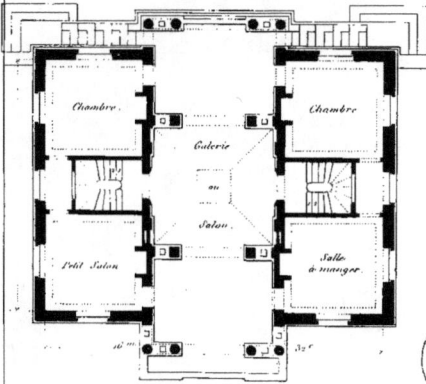
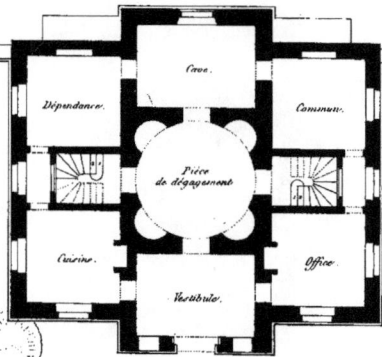

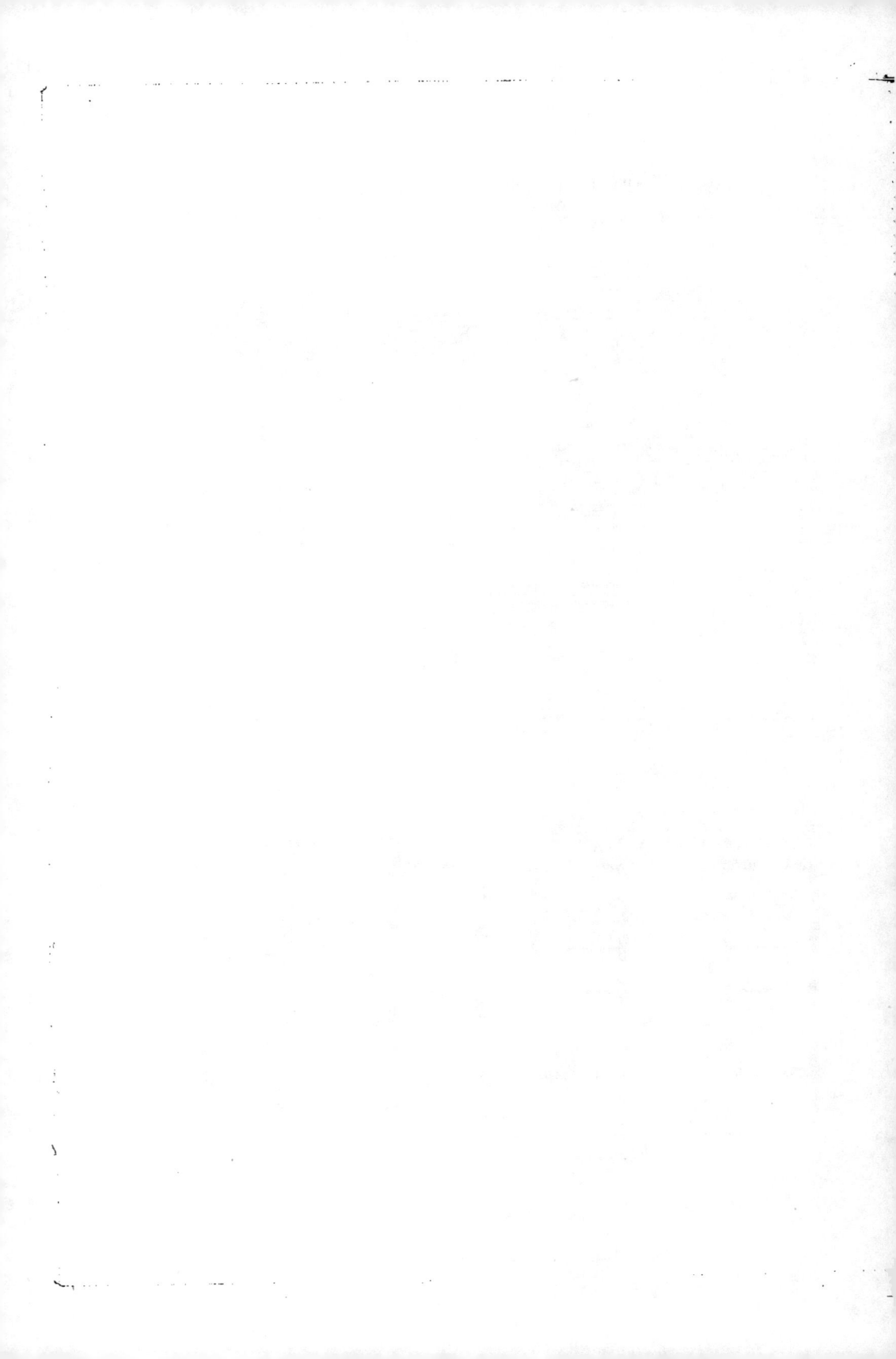

MODÈLES DE FAÇADES.
de différents genres.

fig 1er

fig 2.

fig 3.

Fig 1er

16 Mètres

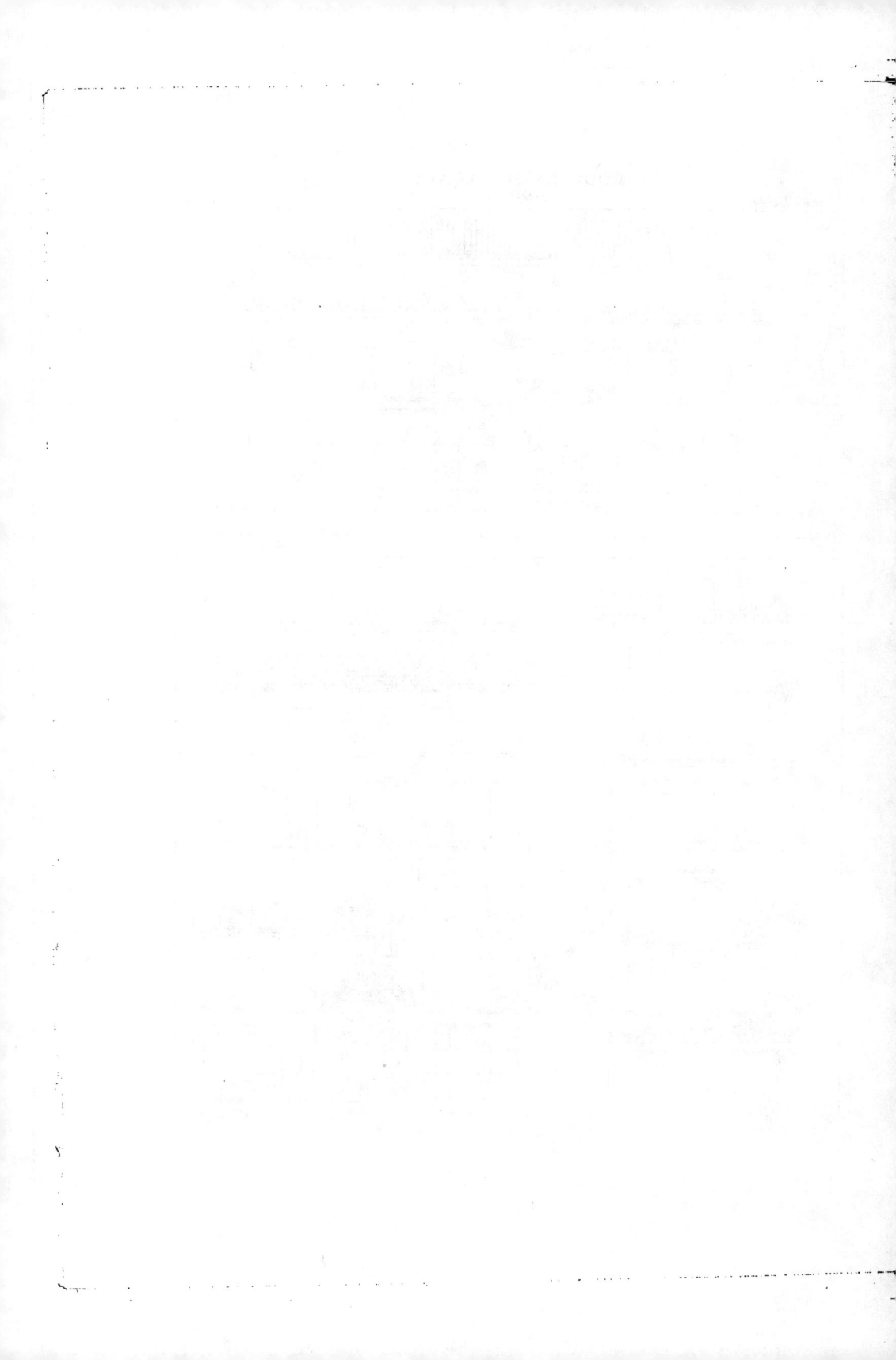

FAÇADES
imitées de celles de diverses maisons d'Italie.

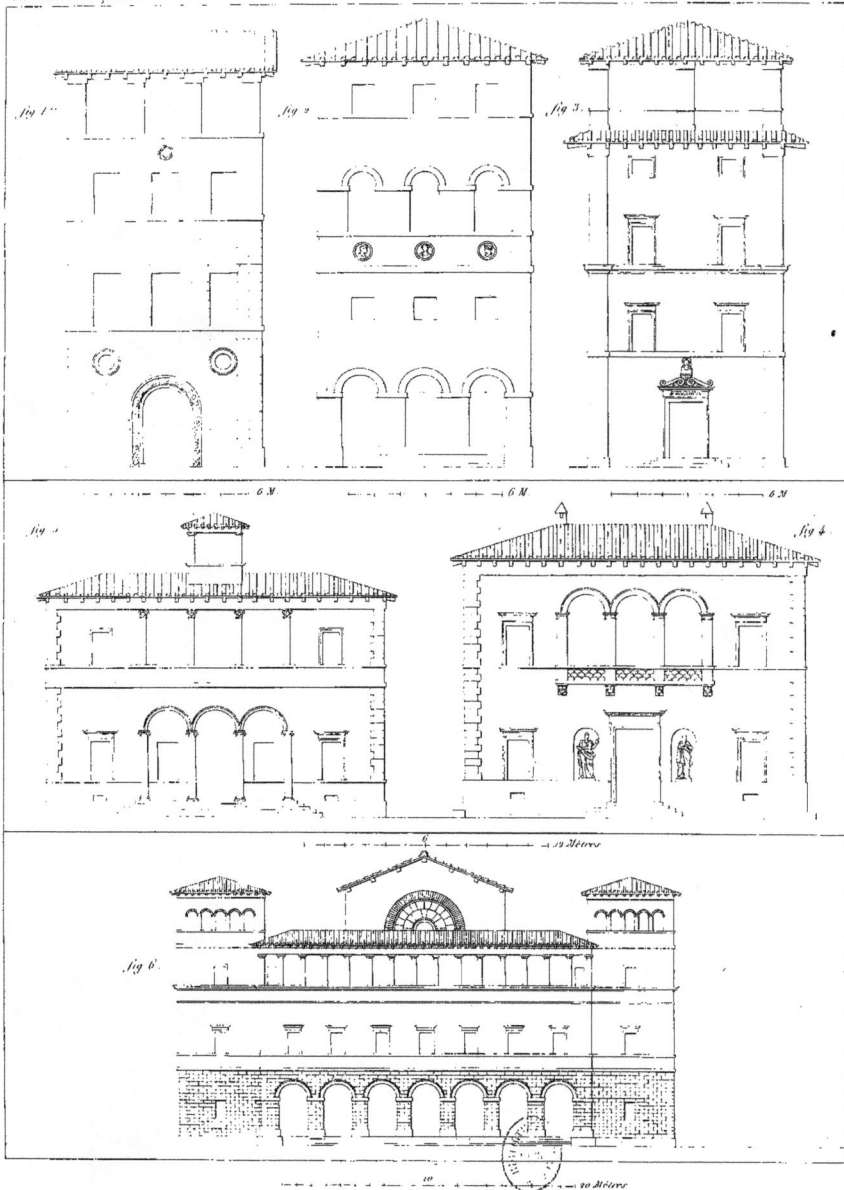

fig 1. fig 2. fig 3.

6 M. 6 M. 6 M.

fig 5. fig 4.

12 Mètres.

fig 6.

10 20 Mètres.

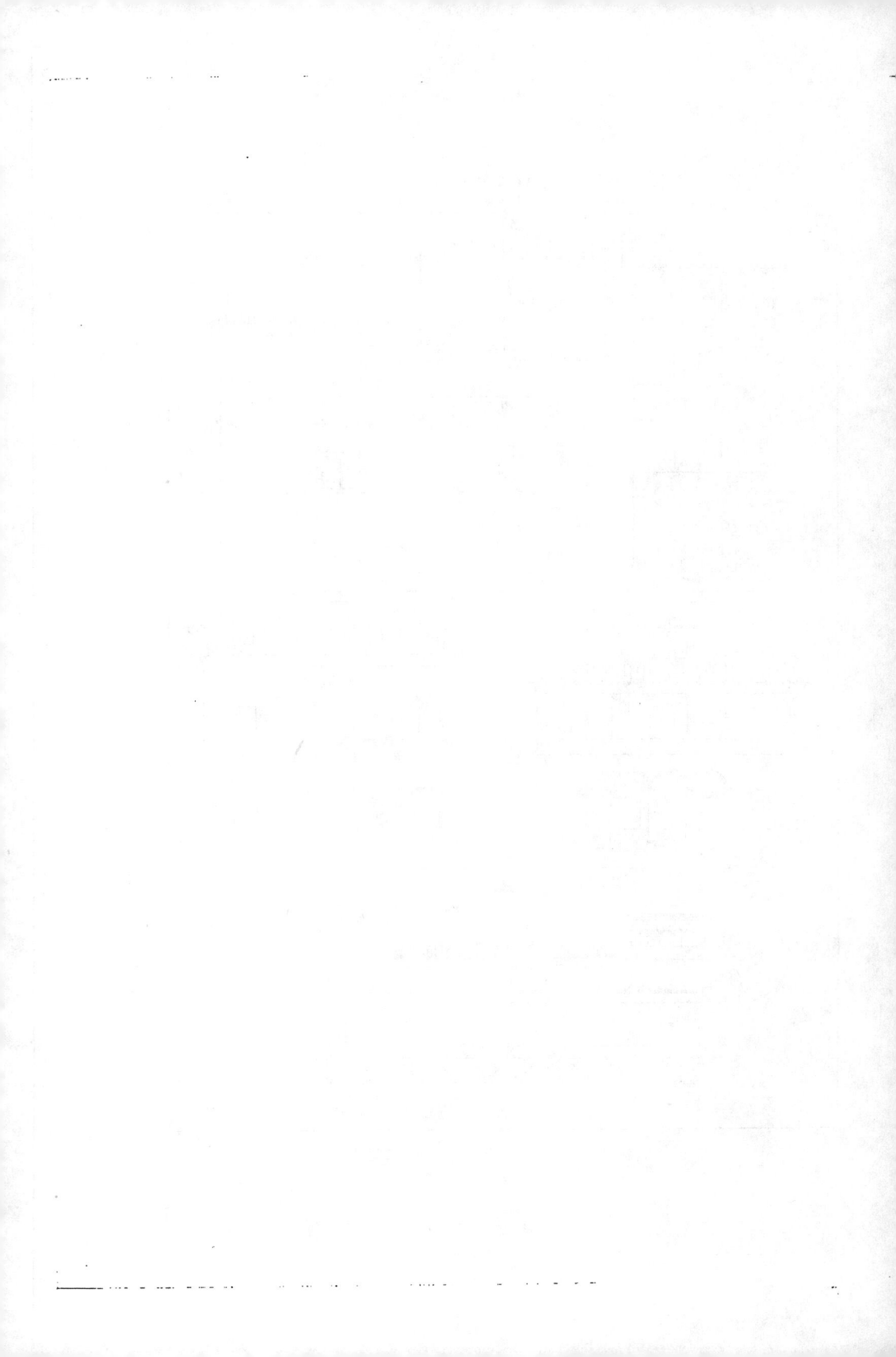

AUTRES FAÇADES

imitées de celles de maisons d'Italie.

Fig 1ère

Fig 2

Fig 3

Fig 4

Fig 5

Fig 6

FAÇADES
imitées de celles de maisons de france et d'italie

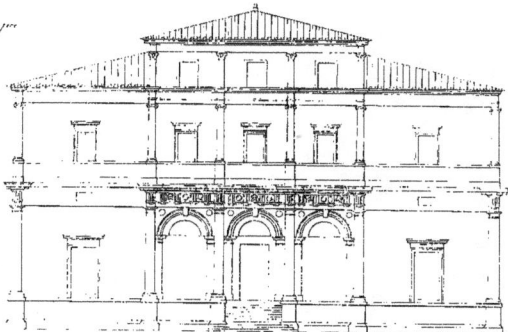

fig. 1.

fig. 2.

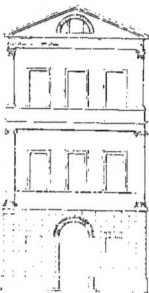

fig. 4.

fig. 3.

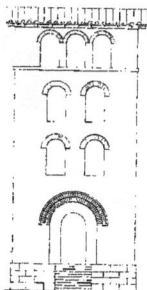

fig. 5.

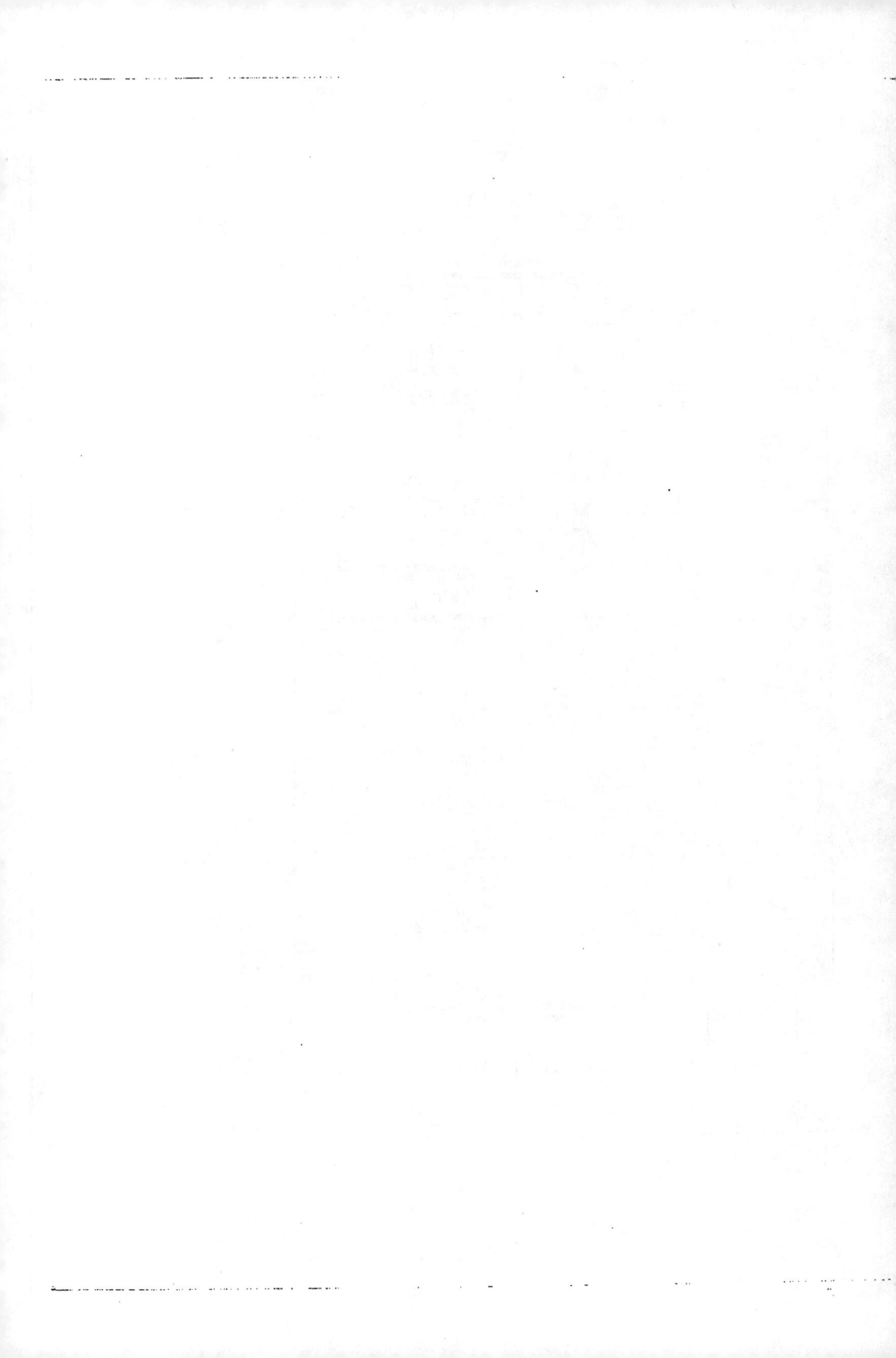

ENTABLEMENS ET CORNICHES
qui peuvent s'adapter aux diverses maisons contenues dans cet ouvrage.

Détails.

Planche 45.

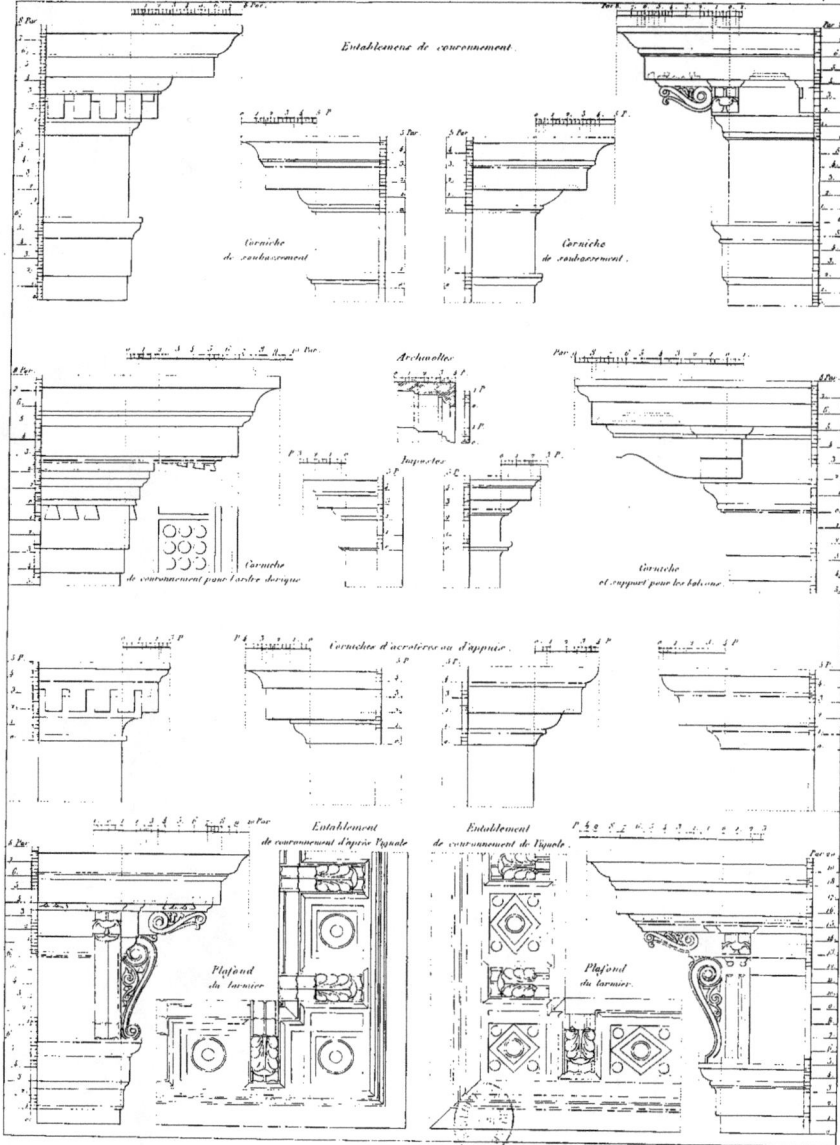

Entablemens de couronnement.

Corniche de soubassement.

Corniche de soubassement.

Archivoltes.

Impostes.

Corniche de couronnement pour l'ordre dorique.

Corniche et support pour les balcons.

Corniches d'acrotères ou d'appuis.

Entablement de couronnement d'après Vignole.

Entablement de couronnement de Vignole.

Plafond du larmier.

Plafond du larmier.

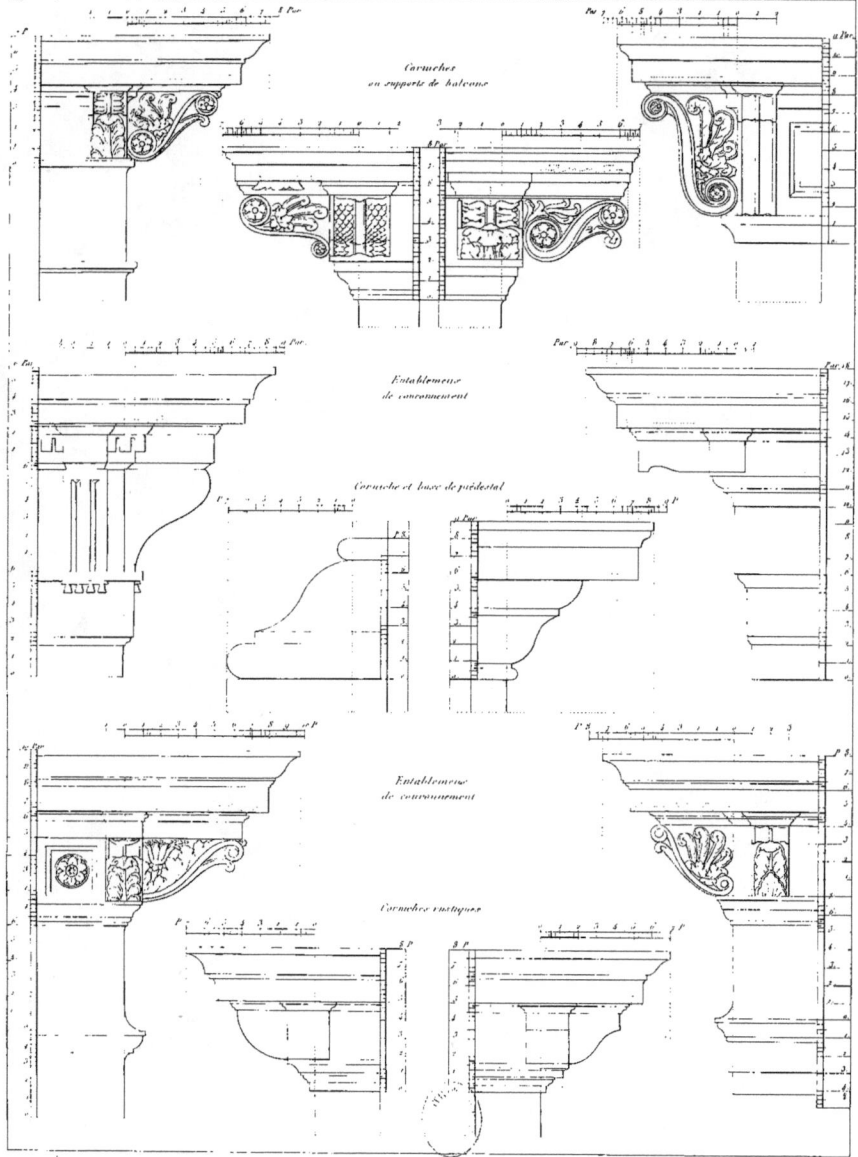

Corniches
en supports de balcons

Entablemens
de couronnement

Corniche et base de piédestal

Entablemens
de couronnement

Corniches rustiques

Galerie Vivienne.

Galerie Colbert.

Passage Vero-Dodat.

Passage du Saumon.

10 Mètres

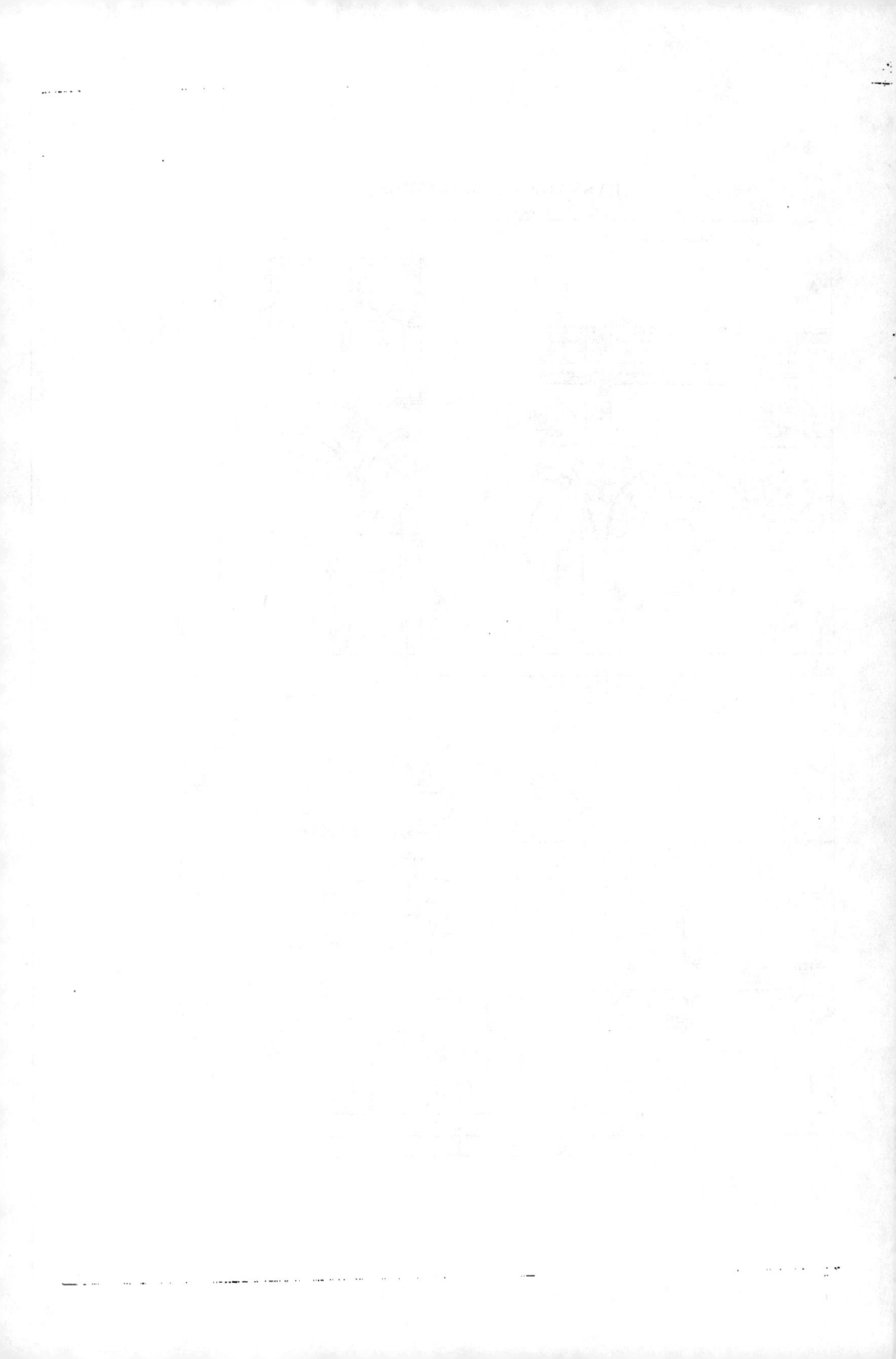

COUPES DES PASSAGES
et des galeries.

de Véro-Dodat.

du Saumon.

de la Galerie Vivienne.

de la Galerie Colbert.

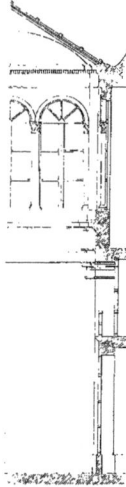

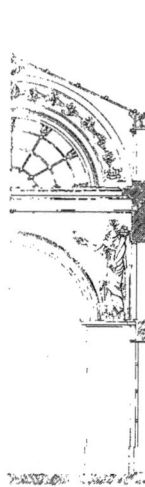

Devantures
de Boutique.

Coupe
de la Galerie.

Galerie
du Palais Royal.

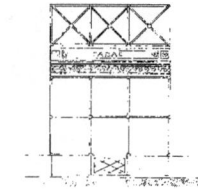

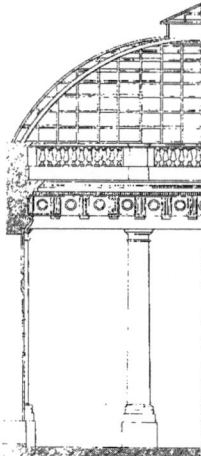

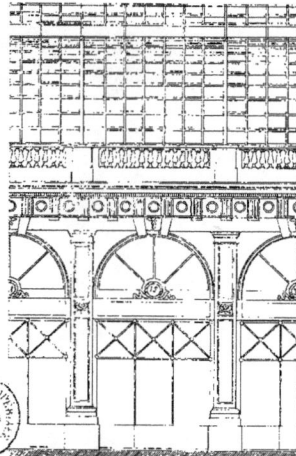

10 Mètres

DEVANTURES DE BOUTIQUES

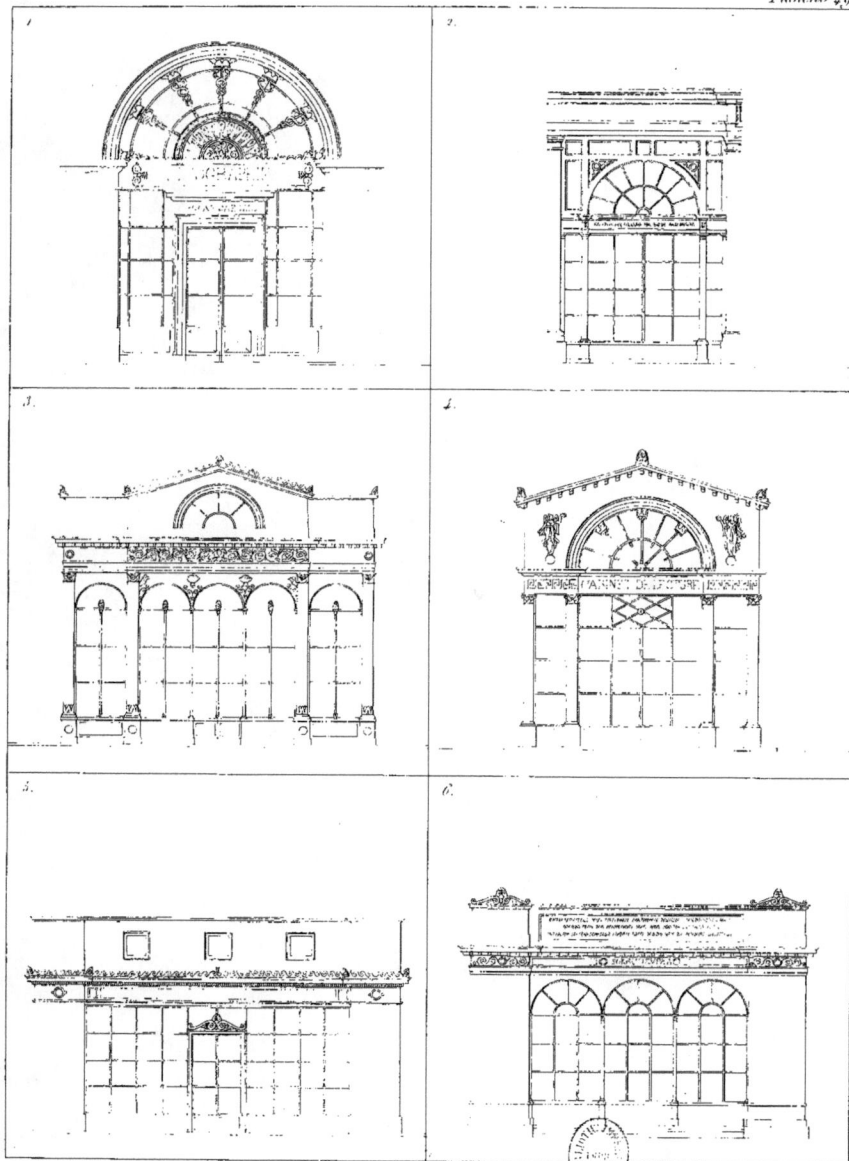

www.ingramcontent.com/pod-product-compliance
Lightning Source LLC
Chambersburg PA
CBHW072111090426

42739CB00012B/2931